Du kannst das Unmögliche wahr machen!

Oliver

OLIVER DREIER

MEIN LEBEN MIT LINKS

© Mirja Geh

© Oliver Dreier
Neudorf 53
3335 Weyer
+43 (0) 664 73 018 313
oli3@gmx.net
www.oliver-dreier.com

Idee und Text: Oliver Dreier
Co-Autor: Dkkfm. Robert Christian Kotrc
Wissenschaftlicher Berater: DDr. Dieter Fischer
Layout/Umschlag: Stefan Nestl, MBA
1. Auflage

Mit tatkräftiger Unterstützung der Firma Harreither.

ISBN 978-3-200-04392-3

INHALTSVERZEICHNIS

VORWORT 7
EINLEITUNG 9
DAS BIN ICH 10
FRÜH ÜBT SICH 15
WOHLBEHÜTET IM ELTERNHAUS 19
DER UNFALL 22
ZURÜCK IM LEBEN 26
DER SPORT HAT MICH WIEDER 30
DIE BESTE EHEFRAU VON ALLEN 37
IRONMAN – DIE ULTIMATIVE HERAUSFORDERUNG 40
JETZT ZÄHLT'S 44
WAHRE FREUNDE 52
FRAGEN ÜBER FRAGEN 60
WAS TREIBT MICH AN? 66
WIE KOMME ICH AN MEIN ZIEL? 71
DAS WUNDER KÖRPER 76
DIE LÖSUNG SITZT IM KOPF 81
COACH OLIVER 87
MEINE HIGHLIGHTS 92
DIE KRÖNUNG - ICH BIN WELTMEISTER! 102
HERZLICHEN DANK 110
RESÜMEE UND AUSBLICK 112

VORWORT

Mentale Stärke, ein unbeugsamener Wille und – bei all den zu meisternden Schwierigkeiten – eine bewundernswerte Fröhlichkeit und eine beeindruckende Bescheidenheit. Das waren meine ersten Eindrücke von Oliver Dreier, als ich ihn vor einigen Jahren bei einer Veranstaltung der Firma Harreither kennen lernte.

Gerade auf dieser ersten Veranstaltung ist mir auch aufgefallen, wie viele Menschen auf einen Parasportler offen zu gehen, wie viele dieselben Fragen stellen und wie ruhig und gelassen Oliver damals ganz lässig damit umging. Man muss nur in die Augen jener Leute blicken, denen er von seinem Unfall, seiner Lebenseinstellung und seinen sportlichen Highlights erzählt – man sieht hier nicht nur Bewunderung, sondern viel Respekt und Anerkennung. Und genau um diese Werte geht es Oliver, denn Mitleid braucht er nicht und will er nicht. Durch seine Konsequenz und sein Durchhaltevermögen ist er nicht nur für mich, sondern auch für die Jugend ein großes Vorbild.

Aus eigener Erfahrung weiß ich, wie herausfordernd es sein kann, Profisport und Privatleben zu vereinen. Wenn es jemand nach einem so harten Schicksalsschlag schafft, sein Leben im wahrsten Sinn des Wortes von rechts nach links umzustellen, dann kann ich nur den Hut ziehen.

Ich finde es toll, dass Oliver uns an seinen Erfahrungen in Form von Vorträgen teilhaben lässt. Denn jeder Mensch braucht von Zeit zu Zeit Impulse, die Mut machen, einen staunen lassen und motivieren. Von der Lebensphilosophie, die Oliver tagtäglich lebt, kann wirklich jeder profitieren. Egal ob Schüler oder Geschäftsführer, ob alt oder jung, ob Mann oder Frau.

Ich wünsche Oliver noch viele erfolgreiche Jahre im Sport und spannende Projekte beim Coaching!

Alles Liebe, Alexandra Meissnitzer

© Mirja Geh

EINLEITUNG

Griaß Di! Mein Name ist Oliver Dreier. 1999 habe ich bei einem Motorradunfall meinen rechten Arm verloren. Dank meiner Familie und tollen Freunden habe ich den Weg zurück in die „Normalität" geschafft. Der Sport hat mir dabei extrem geholfen. In diesem Buch erfährst Du etwas über mich als Mensch, meine Einstellung zum Leben und zum Sport, sowie praktische Tipps zum Ausüben von Sport und dem Erreichen von Zielen. Letzteres findet in allen Bereichen des Lebens Anwendung.
Warum ich dieses Buch geschrieben habe, ist leicht erklärt. Ich finde es wichtig, Menschen etwas weiter zu geben ... Ihnen möglicherweise auch eine andere Sichtweise der Dinge zu zeigen. Wenn nur ein Leser etwas Positives aus den folgenden Seiten zieht, dann sehe ich diesen Schritt als Erfolg. So halte ich es auch beim Coaching.

Natürlich gibt es immer zwei Wege: den bequemen und den unbequemen. Man kann sich fallen lassen oder Verantwortung übernehmen und es versuchen.

Mein Motto war und ist stets:
„Alles ist möglich, wenn man es nur wirklich will!"

Meiner Erfahrung nach ist es immer besser, nicht einfach aufzugeben und nie den Mut zu verlieren – auch wenn das oft sehr schwer fällt, da kein Mensch alle Umstände beeinflussen kann. Aber mit einer positiven Denkweise ist das Leben schlichtweg einfacher. Ich habe versucht, meine Sicht der Dinge in Kernaussagen zusammen zu fassen. Vielleicht ist auch gerade für Dich etwas dabei.

Ich möchte die Leser durch dieses Buch an meinen Erfahrungen teilhaben lassen. Übrigens – ich hoffe es macht Dir nichts aus, dass ich Dich direkt anspreche ... aber am Berg oder beim Sport ist das so üblich.

Viel Spaß beim Lesen!

DAS BIN ICH

...... ein waschechter Oberösterreicher. Geboren in Steyr, aufgewachsen in Weyer. Nach Volksschule, Hauptschule und Polytechnischem Lehrgang absolvierte ich eine Lehre als Orthopädischer Schuhmacher und Einzelhandelskaufmann. 2007 erfolgte der Wechsel zur Firma Harreither. Hier gibt man mir die Möglichkeit zumindest halb professionell zu trainieren. Auf diese Weise kann ich auch im Para Sport mit den Topleuten mithalten. Ohne diese Unterstützung wäre es nicht möglich, da auch in diesem Bereich zunehmend professioneller gearbeitet wird und daher die Weltspitze in den vergangenen Jahren immer näher zusammen gerückt ist.

Außerdem habe ich hier die Chance erhalten, mein Hobby auch zum Beruf zu machen und die Kunden bei Sport Harreither in Waidhofen an der Ybbs bezüglich der optimalen Ausrüstung zum Laufen, Schwimmen, Wandern oder Skitouren zu beraten. Eine tolle Sache, denn einerseits taugt mir der Kundenkontakt, andererseits bin ich bezüglich der neuen Ausrüstungen, die auf den Markt kommen, auch immer am letzten Stand ... und mein Körper kann sich so zwischen den Wettkämpfen auch erholen.

Meine Eigenschaften helfen mir sicherlich dabei, mich durchzusetzen. Wenn ich einen Plan habe bzw. eine Idee oder ein Ziel verfolge, bin ich davon kaum mehr abzubringen. Das mag nach außen hin auch sehr egoistisch wirken, da ich dann – für mich Nebensächliches – einfach links liegen lasse. Schon seit jeher werde ich daher auch als „Einzelkind" oder „sturer Radfahrer" tituliert.

Aber es ist mir einfach wichtig, den Tag optimal zu nutzen und keine unnötige Zeit zu verlieren. So sehr ich die Zeit mit meiner Familie schätze, umso mehr gehe ich auch Anlässen wie Hochzeiten, Familienfeiern oder anderen Verpflichtungen aus dem Weg. Das ist natürlich nicht immer einfach, aber ich bin mit der besten Frau der Welt und den großartigsten Kindern gesegnet – also funktioniert das auch ... mittlerweile.

Annette – sie ist meine Frau, meine Geliebte, meine Seelenverwandte. Seit

2001 sind wir eins und ohne sie wäre es mir sicherlich weitaus schwieriger gefallen, die schweren Zeiten zu überstehen. Wir ergänzen uns in vielem – auch in unserer persönlichen Einstellung zum Leben. Unsere Familie ist unser Rückhalt. Hier tanken wir Kraft – hier fühlen wir uns geborgen – hier können wir abschalten.

Sie stammt aus Schönau, einem 30-Seelen Dorf – idyllisch im Dreiländereck Oberösterreich, Steiermark und Niederösterreich gelegen. Hier ist sie wohl behütet aufgewachsen – inmitten ihrer beiden Brüder Patrick (meinem besten Freund) und Bernd – jeweils zweieinhalb Jahr älter bzw. jünger als sie. Alle drei waren alle immer aktiv und kerngesund. Auch dank meines Schwiegervaters – einem absoluten Sportfanatiker. Im Sommer gab es für die Geschwister gezieltes Zirkeltraining zur Vorbereitung auf die Wintersaison – im Winter gab es kein Skirennen, an dem die drei nicht (erfolgreich) teilnahmen.

Früher war es bei Gott nicht immer einfach für sie, aber heute ist Annette schon froh darüber, dass ihr Vater sie entsprechend gefordert, gefördert und motiviert hat. Ihre Mutter war dafür der Gegenpol – hat allzu volle Trainingspläne auch mal kritisiert und stand voll hinter den drei Geschwistern. Das sorgte für eine gewisse Balance zwischen dem sportlichen Ehrgeiz des Vaters und der Harmonie, für die sie in den eigenen vier Wänden sorgte.

Ähnlich versuchen wir es auch mit unseren Kindern, wenngleich wir ihnen schon ein gewisses Mitspracherecht einräumen. Wir verbringen viel Zeit mit Corinna, Jakob und Heidi. Wir versuchen, ihnen ein gewisses Naturbewusstsein und eine innere Einstellung zur Bewegung zu vermitteln – beim Radfahren, Schwimmen, Wandern oder beim Skifahren. Hauptsache: sie sind oft an der frischen Luft.

Corinna ist die älteste (2001 geboren). Sie tritt schon jetzt in meine Fußstapfen, da sie vom Triathlon ganz begeistert ist – und das macht mich natürlich sehr stolz. Die meisten Eltern sind immer froh, wenn die Kinder ihre Augen oder ihre Nase haben ... bei mir sind es die Oberschenkel, die

Papa kann schon mal sehr streng sein, aber er bleibt dabei fair. Ich bewundere ihn sehr – ich könnte ihn mir gar nicht mit 2 Armen vorstellen – und will es auch nicht. Denn er kann manche Sachen besser als jemand, der beide Arme hat. Für mich und meine Geschwister ist es das Größte, wenn wir gemeinsam trainieren – auch wenn das sehr, sehr anstrengend ist. Mein Papa hat mir sicherlich auch die Freude am Sport mitgegeben – speziell am Triathlon. Heuer habe ich bei den Mädchen den Bewerb in Traun gewonnen – nur knapp hinter dem besten Burschen. Ich wurde Gesamtzweite und dieses tolle Gefühl will ich in den künftigen Jahren noch oft erleben.

Danke für Deinen Glauben an mich und dafür, dass Du mein Papa bist

Corinna

ich ihr in die Wiege gelegt habe. Zugegeben, ein wenig untypisch – aber passend für meine Große.

Auch mein Sohn Jakob (ein großartiger 2003er Jahrgang) ist sehr sportbegeistert. Er ist extrem vielseitig. Klettern, Segelfliegen (mit Fernsteuerung), Laufen, Radfahren, Schwimmen – er ist ein kleiner „Hans Dampf in allen

Mein Papa ist immer lustig und wir gehen fast jede Woche einmal auf einen Berg - mit der ganzen Familie und auch mit Freunden. Ich bin auf meinen Papa sehr stolz und er lernt mir sehr viel. Sogar Triathlon hat er mir beigebracht. Ich glaube, wenn Papa zwei Hände hätte, wäre er nicht besser als jetzt und auch nicht sportlicher. Ich freue mich, dass ich so einen tollen, sportlichen und freundlichen Papa habe. Auch wenn er manchmal mit mir schimpft, ist er noch immer sehr cool.
Du wirst immer meine Nummer 1 sein!

Jakob

Gassen". Ihm gefällt es vor allem, zu reisen – speziell der Trip zu einem meiner Wettkämpfe nach Australien war ein absolutes Highlight für ihn.

Bleibt noch die Jüngste im Bund: Heidi. Sie hat 2013 das Licht der Welt erblickt. Trotz ihres Alters neigt sie schon dazu, ihren Kopf durchzusetzen – tja, ganz der Papa. Allerdings ist schon klar, dass wir Eltern ihr die Richtung vorgeben. Auch sie ist schon sehr aktiv. Das Gehen hat sie sehr schnell erlernt, das Laufen ebenso … und schon jetzt will sie auch überall hinaufklettern. Von wem sie das wohl hat?

Wir wollen ihr auf jeden Fall die Chance geben, das zu machen, was sie möchte. Ihre Stärken, egal in welchem Bereich sie liegen, werden wir fördern und sie kann sich unserer Unterstützung – wie alle unsere Kinder – immer bewusst sein.

Du siehst – ich übernehme verschiedene Rollen. Bin Familienvater, Berufstätiger und Athlet. Nicht immer ist es einfach, das alles unter einen Hut zu bringen. Daher ist vor allem die geistige Frische für mich sehr wichtig – und die hole ich mir an der frischen Luft … beim Sport.

Es ist wie ein Kreislauf - wenn ich Sport mache, denke ich an die Familie, bei der Familie denke ich über die Arbeit nach und bei der Arbeit denke ich an die sportlichen Herausforderungen.

Wenn ich ein Ziel erreichen möchte, kann ich auch über meine Grenzen gehen. Die 110 %, die Sportler geben, sind für mich kein peinlicher Rechenfehler, sondern Tatsache. Denn auch Grenzen kann man verschieben. Das Setzen neuer Maßstäbe ist wichtig für die Weiterentwicklung. Man muss sich „nur" darüber im Klaren sein, dass ganz einfach noch mehr möglich ist. Dann gibt es auch keinen Stillstand – nur so wird man kontinuierlich besser.

So schaue ich mehr auf Qualität und reduziere die Anzahl meiner Rennen deutlich, um auch gut vorbereitet zum Start zu stehen. Diese Empfehlung gab mir schon vor langer Zeit ein guter Freund bzw. Konditionstrainer Dr. Gerhard Zallinger, den ich meist vor wichtigen Wettkämpfen bezüglich des Trainings kontaktiere.

FRÜH ÜBT SICH

Als Kind beschränkte sich die sportliche Aktivität auf Skifahren (schon in den ersten Rennen ist mir damals Annette in ihrem blaupunktierten Rennanzug aufgefallen). Im Sommer baute ich mit den Nachbarsjungen im Bach Dämme.

Mit dem Alter veränderten sich dann aber auch rasch die Hobbies, besonders als ich das Gleitschirmfliegen kennenlernte. Es begeisterte und fesselte mich von Anfang an. Ein Freund hatte eine alte Flugausrüstung, mit der wir öfters von einem Hügel aus starteten. Ohne genau zu wissen wie das Wetter wird oder was in Ausnahmefällen zu machen wäre, flogen wir einfach drauf los. Es war eine sehr wilde Zeit, in der nicht an Gefahren und Konsequenzen gedacht wurde. Wir waren damals eine Viererbande – ja fast schon ein Team wie die Musketiere.

Nach einem Jahr waren wir fast bei jeden sonnigen Wetter unterwegs, hatten aber keine richtige Ausbildung. So entschlossen wir uns, den Grund- bzw. Sonderpilotenschein zu machen. Ich rief in der nächstgelegenen Flugschule an und sagte: „Wir können schon fliegen, wir benötigen nur den Zettel!" Die Antwort war: „Kommt mal vorbei, dann werden wir das schon hinkriegen."

Die nächsten sechs Wochenenden waren wir im Kurs, der Flugschule Windischgarsten. Viel Theorie, viel Werbung für Produkte und Flugreisen. Ei-

nes Tages war es dann soweit. Der Fluglehrer meinte plötzlich: „Jetzt wollen wir mal sehen, ob ihr wirklich so tolle Flieger seid!" Er schickte uns bei relativ starkem Seitenwind auf den Übungshang. Uns war klar, dass wir jetzt alles zeigen mussten. Würde es nicht klappen, müssten wir die Schulbank wohl noch einige Wochenenden drücken. Aber alle starteten, flogen und landeten sauber. Wir hatten den Grundschein geschafft. Es folgten 40 private Höhenflüge und nach ca. zwei Monaten kamen wir wieder - zum entscheidenden Überprüfungsflug. Es war ein sehr labiler Tag, die Wolken türmten sich schon vormittags auf. In der Flugschule hörten wir noch seinen Werbevortrag, bevor es endlich losging: hinauf zum Startplatz.
Wir fuhren mit der Frau des Fluglehrers den Berg hinauf. Er blieb am Landeplatz und gab uns über Funk die nötigen Anweisungen. Der Himmel war schon recht dunkel, als wir die Schirme startklar machten. Über Funk sagte er, wir sollen keine Zeit verlieren, schnell machen. Patrick, mein bester Freund und jetziger Schwager, startete. Es hob ihn konstant nach oben, die Wolken saugten schon. Mit beunruhigtem Blick Richtung Himmel meinte unsere Begleiterin: „Es ist besser, sie kommen ein anderes Mal wieder!" Doch das war so gar nicht in unserem Interesse. Fast gleichzeitig rissen wir unsere Schirme in die Höhe und hoben ab. Am Horizont blitzte es schon gewaltig, Wind kam auf. Jetzt hieß es Nerven zu bewahren, den Schirm zu verkleinern und den Landeplatz anzuvisieren.

Silvestertour mit Freunden (Patrick, Franz, Martin, Harry)

Auch für uns ging es rasch hinauf zur schwarzen Wolke, es blieb uns nichts anderes übrig, als den Schirm mittels einer Steilspirale Richtung Boden zu bringen. Unten landeten wir genau vor dem Auto unseres Lehrers, in das wir schnell unsere Gleitschirme verstauten. Drei Minuten später regnete es wie aus Kübeln, die Bäume bogen sich im Sturm. Norbert, der Fluglehrer, meinte nur, es wäre knapp gewesen, aber wir könnten mit den Geräten sehr gut umgehen. Somit hatten wir die Prüfung für den Sonderpilotenschein im Jahr 1997 bestanden.

Als ich mit 18 Jahren dann den Autoführerschein machte, sorgten meine Eltern dafür, dass ich mir ein vernünftiges Auto kaufte. Sie vermittelten mir einen 190er Mercedes Diesel. Das war nicht gerade das Auto, das ich mir gewünscht hatte, doch ließ ich es mir für den Anfang einreden. Meine Gedanken waren damals eigentlich schon einen Schritt weiter - bei Motorrädern. Eines schönen Tages kam ich auf die Idee, beim nahegelegenen Zweiradhändler eines fürs Wochenende zu leihen. Dies war zugleich der Einstieg, der mich nicht mehr los ließ. Ich arbeitete, machte Überstunden, kratzte alles zusammen und kaufte mir schließlich meine Kawasaki ZXR. Egal wie heiß oder kalt, bei Wind aber auch Regen fuhr ich mit dem Motorrad zur Arbeit. Nach einigen Monaten bekam ich überraschend die Möglichkeit, mit Freunden am Salzburgring zu trainieren. Wir fuhren hin, klebten alle Gläser ab und fuhren, bis der Tank leer war. Runde für Runde tasteten wir uns näher ans Limit der Maschine. Ein gefährlicher Nervenkitzel. Begonnen hatte dieser schon früher – beim Snowboarden mit Raceboards. Schon mit 14 Jahren stieg damit die Sucht nach Geschwindigkeit und Schräglagen rasant an. Außerdem faszinierten mich Männer wie Martin Freinadametz und Karl-Heinz Zangerl mit ihrem Mix aus einer sehr lockeren Lebenseinstellung und zugleich dem professionellen Ausüben einer jungen, dynamischen Sportart. Ich nahm an einigen Austria Cup Rennen teil und am Kaunertaler Gletscher schaffte ich es erstmals in die Top 30. Prompt bekam ich einen Materialsponsor und Einladungen zu anderen Rennen. Doch ich wusste, dass ich ohne Trainer nicht den nötigen Fortschritt erzielen konnte. Die Kosten lagen damals bei rund 100.000 Schilling pro Jahr. Das war natürlich sehr viel Geld und zugleich musste ich mich entscheiden: Ausbildung oder Snowboard-Profi. Wenn ich mir ansehe, wohin sich der Snowboardrennsport entwickelt hat, bin ich froh, die richtige Entscheidung getroffen zu haben … für die Lehre.

Je länger ich am Snowboard stand, desto mehr Abwechslung suchte ich auch dort. So verlagerte sich auch meine Vorliebe von harten Pisten Richtung pulvrige Tiefschneehänge. Aus Hardboot wurde Softboot. Dieses

Gefühl, wie auf einem Surfboard so weich und geschmeidig den Pulverschnee zu durchspuren, trieb mich immer mehr in Gegenden abseits der vielen Schifahrer.

Schon damals faszinierte mich die Ruhe in der Natur – kombiniert mit Geschwindigkeit und dem Reiz des Neuen. Für meine Eltern war das nicht gerade beruhigend.

WOHLBEHÜTET IM ELTERNHAUS

Meine Eltern, Edeltraud und Peter, haben mich immer unterstützt – bei der Berufswahl, bei Wettkämpfen und speziell nach dem Unfall. Schon in frühester Kindheit haben sie mich zu sportlichen Höchstleistungen angetrieben, denn kein Gitterbett war hoch genug, um nicht auszureißen. Angeblich haben mich dabei sogar Verwandte durchs Schlüsselloch beobachtet. Keiner konnte glauben, dass dieser Dreikäsehoch ruck zuck aus dem Gitterbett ausbrechen konnte.

Meine Eltern hatten in weiser Voraussicht bereits Matratzen rund um das Bettchen platziert, damit ihrem 2jährigen Klettermax ja nichts passieren konnte.
Ich war also schon in jungen Jahren sehr aktiv – im Kindergarten immer mittendrin statt nur dabei. Meine Eltern konnten mich kaum unter Kontrolle halten. Einmal – beim Besuch bei Freunden – kletterte ich seitlich am offenen Kamin nach oben und sah meine kleine, heile Welt von oben. Schon damals ein erhebendes Gefühl.

Früh hatte ich den Wunsch mich mit anderen zu messen. Meine Eltern fuhren mich schon im Volksschulalter zu allen möglichen Skirennen – ab und zu gar zu zwei an ein und demselben Tag. Sie gaben mir die Möglichkeit alles auszuprobieren und das war über die Jahre eine Menge. Auf Skifahren folgte das Snowboard, sowie – dank meinem Firmpaten – das Windsurfen. Damit mich meine Eltern nicht immer zum Lunzer See fahren mussten, bekam ich mit 16 Jahren das gebrauchte Moped von meiner Großmutter. Mein Vater hat mir sogar einen speziellen Anhänger gebaut, damit ich das Board transportieren konnte. Einfach großartig – allerdings auch mühsam. Ich bin dann wohl kaum öfter als dreimal mit Sack und Pack nach Lunz gefahren. Mir war rasch klar, dass ich nicht studieren, sondern einen Beruf erlernen wollte. In Amstetten hatte ich dann die Möglichkeit, eine Lehre als Orthopädieschuhmacher und Einzelhandelskaufmann zu machen. Das gefiel mir sehr, auch wenn die Zeit in der Berufsschule etwas mühsam war. Vor allem, weil ich ins niederösterreichische Schrems, nahe der tschechischen Grenze fahren musste. Das war natürlich einfacher, nachdem ich mit 18 den Führerschein bekam. Ich hatte mir schon von jeher etwas Geld auf die Seite gelegt, und dank eines Zuschusses der Großeltern konnte ich mir mein erstes Auto kaufen – den schon zuvor erwähnten Mercedes. Das war für mich Freiheit pur. Ich war nicht mehr von meinen Eltern abhängig, für die die ewigen Fahrten auch kein Honigschlecken waren. Denn ich hatte zahlreiche Hobbies – im Sommer natürlich Schwimmen, Surfen und Paragleiten – im Winter Schifahren und Snowboarden.

Zuvor war ich montags bis freitags täglich mit dem Zug von Weyer nach Amstetten gefahren und hatte dafür knapp eine Stunde pro Strecke benötigt. Das bedeutet, ich war tagtäglich rund 12 Stunden unterwegs. In der kalten Jahreszeit sah ich die Sonne - aufgrund des hartnäckigen Nebels in Amstetten - nur am Wochenende. Ich konnte es mir schon damals nicht vorstellen, ohne Berge zu leben. Tagein tagaus, Jahr für Jahr lebte ich damals wie ein Murmeltier. Die immer selben Tätigkeiten machten mich betriebsblind. Nur am Wochenende hatte ich zu diesem Zeitpunkt die Treffen mit Freunden im Auge. Jede kleinste Kleinigkeit war Anlass für eine Party, ständig waren wir unterwegs bis in den Morgenstunden. Der Sonntag war dann zum Schlafen da. Zu dieser Zeit war auch unter der Woche abends viel los. Sport war in diesen Zeiten Nebensache. Wenn überhaupt, war ich nur sehr selten aktiv. Die Jugendzeit war für mich im wahrsten Sinn des Wortes auch eine „Sturm und Drangzeit"! Da kam mir das Auto gerade recht.

Nur kurz darauf versetzte ich meinen Eltern aber einen regelrechten Schock – denn ich kaufte mir ein Motorrad. Sie fielen aus allen Wolken, versuchten mich irgendwie davon abzubringen – aber letztlich wünschten sie mir nur viel Glück … und das hatte ich dann auch.

Nachdem meine Eltern mit mir doch schon einiges mitgemacht haben, ist es für mich einfach nur schön, Ihnen mit sportlichen Erfolgen etwas zurückzugeben. Außerdem versuche ich immer wieder, sie zu meinen Rennen mitzunehmen, vor allem im Ausland. So fiebern sie einerseits mit mir mit und geben mir Kraft – andererseits erleben auch sie nicht alltägliche Ereignisse, wie meinen Weltmeistertitel.

DER UNFALL

Er war ein herrlicher Sonntag, dieser 12. September 1999, der mein Leben für immer verändern sollte. Ich war mit meinen Freunden zum Paragleiten auf das Hochkar gefahren. Am späten Nachmittag dann die Rückfahrt. Mein Freund Erich Hiesberger, der auch Taufpate unseres Sohnes ist, nahm meinen Paragleiter mit dem Auto mit – ich fuhr mit dem Motorrad nach Hause. Ich kannte die Strecke praktisch auswendig und setzte bei Göstling zu einem Überholmanöver von drei Autos vor mir an. Blinker raus, ausscheren ... Routine eben.

Die Nachricht vom Unfall des eigenen Kindes zieht einem förmlich den Boden unter den Füßen weg. Wir rasten zur Unfallstelle und mit jedem Meter, den wir näher kamen, wurde die Nervosität größer und größer. Vor Ort wimmelte es bereits von Polizeiautos und Rettungswägen. Dazu der Notarzthubschrauber – und viele Schaulustige. Kein sonderlich schöner Anblick für Eltern. Oliver lag schon im Hubschrauber, wir machten noch einen kurzen Blick, streichelten ihm übers Haar und dann wurde er ins AKH nach Wien gebracht. Der Arm wurde in einer Kühltasche mitgegeben. Ein Bild zum Heulen! Mein Mann und ich fuhren sofort wieder nach Hause, packten einige Sachen und fuhren mit dem Auto nach Amstetten. Während der Fahrt erreichte uns die Nachricht, der Hubschrauber muss mit Oliver unbedingt in St.Pölten herunter. Unser Bub hätte zu wenig Blut und das ginge sich bis Wien nicht mehr aus. Also stiegen wir in Amstetten in den Zug und fuhren nach St.Pölten. Im Krankenhaus hofften wir nur, dass Oliver die Nacht überhaupt überlebt. Wir nahmen uns in der Nähe ein Zimmer, aber an Schlaf war nicht zu denken. Am nächsten Morgen beruhigte uns der zuständige Arzt. Die Nacht sei relativ gut verlaufen, aber der Zustand sei weiterhin kritisch.

Wir danken dem Herrgott noch heute täglich, dass er Dich uns nicht genommen hat.

Deine Eltern!

Doch in diesem Moment begann der zweite Wagen auszuscheren, um das erste Auto davor zu überholen. Er drängte mich von der Straße ab – und dann sah ich nur noch den Wegweiser vor mir. Mein rechter Arm wurde durch die Wucht des Aufpralls völlig ausgerissen.

Ich habe damals wohl mehrere Schutzengel gleichzeitig in Anspruch genommen. Mein Glück war einerseits, dass die richtigen Ärzte rechtzeitig zur Unglücksstelle kamen und auch, dass ich so durchtrainiert war. Außer dem abgetrennten Arm hatte ich noch mehrere „kleinere" Verletzungen, zum Beispiel eine innere Knöchelfraktur. Mein Krankenbericht war übrigens drei Seiten lang. Anhand dessen kannst Du Dir vorstellen, wie knapp ich dem Tod entronnen bin.

14 Tage lang lag ich auf der Intensivstation. Meine Eltern, die die Ärzte mehrfach angefleht hatten, mir um jeden Preis den Arm wieder anzunähen, waren jeden Tag an meiner Seite, erzählten mir einfach irgendetwas, ohne zu wissen, ob ich es überhaupt mitbekomme. Anfangs durfte immer nur eine Person an mein Krankenbett, um mich nicht zu überlasten. Zu dieser Zeit schlief ich fast durchwegs – die größte Sorge meiner Eltern war, ob auch im Kopf alles in Ordnung wäre.

Nach einigen Tagen konnte ich langsam wieder damit anfangen zu kommunizieren. Das Sprechen fiel zu schwer, daher griff ich zu Block und Kugelschreiber. Der erste Satz war: Ich bräuchte am Sonntag einen Fernseher, da ist ein Formel I Rennen. Meine Eltern waren außer sich vor Glück – einerseits hatte ich mein Gedächtnis nicht verloren, andererseits die Lust am Leben behalten.

Die ersten geschriebenen Worte.

Die Umstellung von der rechten auf die linke Hand funktionierte überraschend schnell. Ich hatte halt eine richtige „Doktorschrift“, aber die hatte ich teilweise auch schon vorher. Mit jedem Tag ging es mir besser. Den genauen Hergang kann ich aber nur anhand von Erzählungen schildern. Mir fehlen in meiner persönlichen Erinnerung einige Tage rund um den Unfall. Ich war beim Überholen in der Beschleunigungsphase, also ging alles irgendwie noch schneller über die Bühne. Um einen Zusammenprall mit dem ausscherenden Auto zu vermeiden, kam ich von der Fahrbahn ab und wurde gegen eine Verkehrstafel geschleudert. Fünf Zentimeter weiter links und es wäre nicht allzu viel passiert. Fünf Zentimeter weiter rechts, und mein Kopf wäre auf das Schild gekracht. Punkt – aus - vorbei.

Aber so war es „nur“ die Hand. Im Nachhinein habe ich oft gehört „die rechte auch noch dazu“ – aber es ist völlig egal, ob links oder rechts. Mein Gehirn gab mir innerhalb eines Monats die Fähigkeit, auch links alle Tätigkeiten auszuüben – eigentlich geschah dies wie über Nacht.

Es ist bewundernswert, wie der menschliche Körper funktioniert. Wie er uns treibt, wie er uns schützt. Unmittelbar nach dem Unfall musste mich ein Ersthelfer beruhigen, da ich immer zu meinem Motorrad gehen wollte. Obwohl er rund 100 Kilo wog, konnte er mich nicht am Boden halten. Im Schockzustand entwickelte ich eine schier unbändige Kraft. Ich sprang auf und drängte ihn zur Seite, ging Richtung Ducati und fiel wieder um. Kurz darauf spritze das Blut aus der durchtrennten Halsschlagader in einem weiten Bogen heraus. Es war pures Glück, dass sich im Koffer des rasch herbeieilendenArztes (Dr. Michael Putz) Arterienklemmen befanden. Ihm, den anwesenden Ersthelfern und dem gesamten Ärzteteam im LKH St. Pölten verdanke ich mein Leben.

Nachträglich erzählte man mir auch, dass mir schnell alle verfügbaren Blutkonserven verabreicht wurden, ohne Rücksicht auf die Blutgruppe. Als ich nur irgendwie transportfähig war - von stabil war hier noch lange keine Rede - ging es per Hubschrauber ins Krankenhaus.
Aus meinen Wunden soll eigentlich nur noch Wasser geflossen sein, mit nur sehr wenigen, einzelnen Blutblättchen – unglaublich, das zu überleben. Außerdem dieses Glück, von Anfang bis zum Ende der Rettungskette so viele Spezialisten an seiner Seite zu haben.

Man kann sich das Ganze so vorstellen: man lebt sein Leben bis zum Punkt X - immer dasselbe, ohne groß darüber nachzudenken. Dann der Crash in Sekundenbruchstücken – und auf einmal wird man zwei Wochen später munter … in einem Raum, den man nicht kennt. Der Puls steigt, man spürt keinerlei Schmerzen, kann sich an gar nichts erinnern und registriert plötzlich sehr viele Leute in weißen Mänteln, mit Mundschutz und Kopfbedeckung, die um einen herumstehen. Einer von ihnen beginnt dann zu reden … irgendwas von einem Unfall und einem verlorenen Arm … und dann ist da nichts als unendliche Müdigkeit.

Immer wieder hörte ich in den Wochen danach: „Also wenn Sie nicht so sportlich gewesen wären ...". Das machte mich dann doch nachdenklich. Was heißt sportlich? Ich war doch nur ein ganz normaler Hobbysportler – vielleicht ein bisschen vielseitiger und ausdauernder. Ginge da noch mehr

– wäre ich dann unzerstörbar?

Ich nehme seither mein Leben aktiv in die Hand und suche die Herausforderung - vor allem im Sport. Denn Sport war und ist mein (Über)Lebenselixier! Allerdings habe ich durch den Unfall – so schrecklich auch seine Folgen waren – extrem viel Positives erlebt. Ich glaube nicht, dass mein Leben so verlaufen wäre, hätte ich zwei funktionsfähige Arme. Ich würde daher auch die Zeit nicht zurückdrehen – selbst wenn ich es könnte. Ich bin froh, dass alles so ist, wie es ist. Auch habe ich durch den Unfall erst erkannt, welche Kraft einem andere Menschen geben können – in diesem Fall meine Eltern, meine Familie und meine Freunde.

Letztlich kann so ein Schicksalsschlag jeden Menschen treffen. Für viele ist so etwas ein Tiefpunkt – ich bezeichne es hingegen gerne als Höhepunkt. Denn wer ganz unten war, wird die positiven Seiten des Lebens umso mehr schätzen.

ZURÜCK IM LEBEN

Am ersten Tag nach dem Unfall war ich ca. 20 Minuten munter, am zweiten schon 40. Meine Eltern wollten, dass ich ihnen per Stift und Block mitteile, was ich mir denn nun wünsche. Sie waren schon sehr überrascht, als ganz oben auf der Liste stand: Ducati 996, gelb, neu. Mein Freund Harry meinte daraufhin nur: „Jetzt geht's Dir bald schon wieder so gut wie eh und je."

Täglich wurden die Schläuche weniger, die Substanzen reduziert - einmal wohl etwas zu stark, denn plötzlich versuchte ich aufzustehen und nach Hause zu gehen. Ich riss mir dabei alle Schläuche heraus und sprang aus dem Bett. Als ich am harten Boden aufkam, durchdrang mich ein unglaublicher Schmerz, denn der Knöchel war ja noch gebrochen.

Die Natur hat mir im Krankenhaus besonders gefehlt!

Ich konnte aber gar nicht schnell genug schauen, lag ich wieder im Bett, nur dieses Mal mit Gittern - links und rechts. Mir wurde jeder Wunsch von den Augen abgelesen – das Team im Krankenhaus war ebenso sensationell, wie meine Familie und meine Freunde.

Einer der behandelnden Ärzte hat mir damals gesagt: „Jährlich geschehen bei uns im Krankenhaus zwei Wunder … eines davon bist Du." Dieses Wunder war aber auch nur möglich, weil ich so toll versorgt wurde.

Patrick besuchte mich regelmäßig, er erzählte mir allen möglichen Klatsch und Tratsch, womit er auch für den nötigen Spaß und die notwendige Abwechslung sorgte. Da ich zu diesem Zeitpunkt 52 kg wog und absolut keinen Appetit hatte, gab ich ihm immer meine Portionen. Die Schwestern wunderten sich, dass immer alles leer war – ich aber dennoch nicht zunahm. Eines Tages brachte er mir einen Brief seiner Schwester Annette. Sie war damals „nur" eine Freundin – doch ihre perfekten Zeilen werde ich wohl nie vergessen. Wort für Wort wohlüberlegt und passend. Auf diese Weise entstand eine starke Zuneigung meinerseits.

Die Zeit verging und mehr und mehr konnte ich wieder fühlen, sprechen und langsam auch meinen Körper wieder spüren. Das Krankenhaus Personal war großartig – nicht oft genug kann ich das erwähnen. Ich gab ihnen spaßeshalber auch mal Snowboard-Trockentraining bei mir im Zimmer. Die Folge: am nächsten Tag klagten sie über heftigen Muskelkater. Dennoch kam mir schon damals erstmals die Idee, es vielleicht als Trainer oder Coach zu versuchen.

Die Schläuche waren dann rasch verschwunden – und das war der Zeitpunkt, um endlich wieder mobil zu werden. Ein Monat (davon zwei Wochen Tiefschlaf) war vergangen, als ich das Krankenhaus wieder verlassen durfte, endlich wieder an der frischen Luft war, und sofort war mein Kreislauf klarerweise ein wenig überfordert. Ein leichter Schwindel überkam mich, aber ich ließ mir nichts anmerken.

Zuhause empfingen mich bereits einige Freunde und Bekannte. Viel gab es zu bereden – aber natürlich war der Unfall Thema Nummer eins. Wir besuchten später sogar noch ein Lokal … selten fiel ich so müde ins Bett, wie an diesem Tag. Am Morgen danach, machte ich mich an die Wiederherstellung meiner Fitness. Anfangs nur durch Spaziergänge, wobei ich die Distanz täglich verlängerte. Ich wollte immer erkunden, was noch möglich ist und was möglicherweise nicht mehr geht. Immer öfter dachte ich an meine damalige Lieblingssportart, das Snowboarden, nach. Ob es wohl möglich sei, auch jetzt wieder extreme Schräglagen zu fahren. Konnte ich die entsprechende Balancefähigkeit wieder entwickeln. Was wäre, wenn ich zu Sturz kommen würde? Mit einem Schlag fühlte ich mich verwundbar. Vor dem Unfall war das alles selbstverständlich - jetzt machte es mich nachdenklich. Aber aufgeben kam nicht in Frage – ich überlegte mir meine nächsten Schritte sehr genau – legte mir eine bis ins Detail durchdachte Strategie fest.

Mens sans in corpore sano – diese Redewendung haben wir alle schon mal gehört. In einem gesunden Körper wohnt auch ein gesunder Geist. Nicht nur im Spitzensport, auch im Alltag kann man täglich erleben, wie der Geist über den Körper sogar triumphieren kann – kurzfristig zumindest. Jedem Hobbysportler ist es sicherlich schon mal passiert, dass er körperlich völlig am Ende war und es ihm dank seines starken Willens gelungen ist, das Rennen fertig zu laufen oder ein Match bis zum Ende zu bringen. Im Spitzensport wird einem die psychische Belastung, aber nicht nur von sich selbst auferlegt. Natürlich will man immer fokussiert sein, sich schon im Training entsprechend anstrengen, um dann während des Wettkampfs topfit zu sein und sich nicht mit körperlichen Wehwehchen rumschlagen zu müssen. Aber es kommen auch noch psychische Belastungen „von außen" dazu. Man will Fans zufriedenstellen, man möchte seine Familie nicht enttäuschen … soll das umsetzen, was einem Trainer mit gegeben hat … benötigt Erfolge, um auch die Sponsoren zufrieden zu stellen.
Aber man muss lernen, all diese Gedanken während des Wettkampfs auszublenden, und sich auf sich selbst zu konzentrieren. Das ist im Behindertensport nicht anders – nur ist es hier oft noch viel schwieriger Geldgeber zu finden, weswegen man wirklich lange Zeit in der Weltspitze dabei sein muss, um seinen Sport auf höchstem Level dauerhaft ausüben zu können.

Gerhard Melzer, Tennisprofi

Aber zunächst stand die Reha am Programm. Im „Weißen Hof" bekam ich eine Armprothese, mit der ich mich aber nicht wirklich anfreunden konnte. So engagiert und hilfsbereit die Menschen in der Reha-Klinik auch waren - rasch verschwand der künstliche Arm wieder im Kasten. Zwar sah ich damit „normal" aus und konnte sie mittels Nerven bewegen (z.B. war es mir möglich die Hand zu öffnen und zu schließen), doch beim Sporteln war es einfach unvorteilhaft. Ein für mich unnötiges Zusatzgewicht. Ein Freund hat damals zu mir gesagt: „Mit einer Hand kannst du auch nur halb so viele Fehler machen." Dieser Satz gefällt mir bis heute und so verließ ich die Klinik wieder ohne Prothese.

Die Wiedererlangung meiner Mobilität stand für mich an erster Stelle. Was mit selbständig Zähne putzen, Haare waschen oder das Zuschnüren der

Schuhbänder begonnen hatte, wollte ich rasch fortsetzen – aber gerade die Dinge des Alltags dauerten schon ihre Zeit. Aber gerade das Wieder-Erlernen dieser selbstverständlichen Tätigkeiten gaben mir Stück für Stück das Vertrauen in mich selbst zurück. Die Gewissheit, dass ich mir trotz eines fehlenden Arms keine Grenzen setzen musste.

DER SPORT HAT MICH WIEDER

Viele werden das Gefühl kennen ... draußen ist alles weiß, es riecht richtig nach Schnee ... und schon beginnt es zu kribbeln ... im Bauch, in den Füßen, in der Hand ... der Körper verlangt nach Bewegung. Die Muskeln sehnen sich nach Anspannung. Sich mal wieder so richtig auspowern – das ist das Ziel. Nichts anderes zählt in diesem Moment.

Es war ein bewölkter Tag Mitte Oktober und es hatte erstmals bis weit herunter geschneit. Harry fuhr mit mir hinauf auf´s Hochkar. Etwas schmerzverzerrt stieg ich in meine Snowboard Hardboots. Der zuvor gebrochene und verschraubte Fuß wollte zu Beginn nicht recht. Aber einmal im Schuh drinnen, war es wie mit einem Gips. Harry hängte sich beide Boards auf den Rücken und war immer noch in der Lage schneller zu gehen wie ich, auch wenn er dabei redete wie ein Wasserfall. Das störte mich nun besonders, denn mit einem Schlag wurde mir bewusst, wie schlecht meine Kondition war.

Nach über einer Stunde waren wir oben angekommen. Normalerweise benötigten wir nicht einmal die Hälfte! Jetzt kam der schwierigere Teil des Unterfangens: die Abfahrt mit dem Snowboard ... erstmals mit nur einem Arm ... mit dem Wissen, dass alles noch nicht optimal verheilt war und ich keinesfalls stürzen durfte. Man begreift erst in solchen (Extrem) Situationen, wie der Geist den Körper beflügelt. Natürlich war die Abfahrt anstrengend und wir legten bewusst auch Pausen ein – aber der Weg ins Tal war das Ziel und nichts hätte mich davon abbringen können. Egal, wie lang es gedauert hätte.

Danach trainierte ich unter der Woche heimlich, damit Harry beim nächsten Mal nicht auf mich warten musste. Erstmals war es mein Ziel bergauf schneller zu werden. Bei den Abfahrten ins Tal musste ich mir und meinem Körper noch Zeit geben – das war mir klar. Als nächstes besorgte ich mir nun Schneeschuhe – und das war der Anfang meiner geliebten Schitouren, die ich um nichts mehr missen möchte. Allerdings war das damals noch nicht wirklich üblich und so haben wir uns mit Schneeschuhen auf zum Gipfel gemacht – mit Rucksack und Board am Rücken.

Meine Kondition wurde durch das ständige Training immer besser. Schon rasch konnten einige Freunde diesbezüglich nicht mehr mithalten, was mich aber nur zusätzlich anspornte – ebenso wie meine Kumpels. Über gemütliches Wandern mit Schneeschuhen gingen unsere Touren weit hinaus. Eigentlich betrieben wir eine Art „Mountain running" mit Gewicht am Rücken. Wo ich früher nur mit dem Lift nach oben gefahren war, war es mir nun lieber, sofort etwas für meinen Körper zu tun – warum die Zeit mit Liftfahren verschwenden?

So verging dieser erste Winter nach meinem Unfall und ich war wieder richtig fit. Als der Schnee schön langsam zu schmelzen begann, stellte ich mir die Frage, was ich denn im Sommer in Sachen Sport machen könnte – und kam rasch zum Mountainbiken. Im Geschäft fragte mich der Verkäufer, welches Rad ich gerne hätte. Ich antwortete: „Eines für Linkshänder." Im ersten Moment war er sprachlos, doch rasch meinte er, man könne das Bike entsprechend umbauen. Nach einer Woche stand dann die erste Ausfahrt auf dem Programm. Etwas wackelig fuhr ich vom Geschäft weg. Schalten, lenken bremsen, treten und auch noch auf die Umgebung achten - das war im ersten Augenblick schon sehr viel. Doch alles, was man unbedingt erreichen möchte, schafft man auch. Die Frage ist nur: wieviel Zeit gebe ich mir selbst für das Erreichen dieses Ziels?

Alles ist möglich!

Beim Mountainbiken ging es recht schnell. Bis heute habe ich auf einer Geraden oder bergauf überhaupt kein Problem, doch bergab macht mir

94
LOOK
HARREITHER
© Mirja Geh

das Bremsen Schwierigkeiten. So lasse ich mir bei den Abfahrten meist sehr viel Zeit.

Mit meiner Mountainbike-Kondition verhielt es sich wie im vergangenen Winter beim Snowboarden. Mit jeder Ausfahrt wurde sie besser. Meinen Freunden habe ich bei unseren Touren in die Berge auf der Hütte meist noch ein Getränk bezahlt, damit ich früher wegfahren konnte. Auf diese Weise kamen wir dann zur selben Zeit unten an. Doch es war mir lästig, dass es bergab nicht schneller ging. Also probierte ich es dennoch einmal mit meiner Prothese.

Mit großen Erwartungen brauste ich Richtung Tal. Anfangs war der Schotter noch etwas feiner, da fiel mir die Kontrolle des Rades noch leichter. Als ich aber im Gelände mehr und mehr durchgeschüttelt wurde, wurde die Hand fast unkontrollierbar für mich. Einmal rutschte ich fast vom Lenker. Da die Hand mittels Muskelaktivität funktioniert, ich meine Muskeln bergab aber unregelmäßig beanspruchte, kam es zum großen Durcheinander.

In der ersten scharfen Kurve wurde es richtig eng – ich kam gerade noch einen Meter vor dem Abgrund zum Stehen. Die Prothese war keine Lösung für mich, sondern eher eine Blockade. Ich packte sie wieder in den Rucksack und fuhr gemächlich hinunter. Seit diesem Tag habe ich sie nicht mehr benützt.
Die Abfahrt mit einer Hand wird generell umso schwieriger, je unruhiger das Gelände ist. Es ist doch einigermaßen kompliziert, die Vorderbremse richtig zu dosieren und gleichzeitig mit einem Arm das gesamte Körpergewicht abzustützen. Etwas einfacher wird es, wenn ich mit den Knien die Mittelstange einklemme und so das Körpergewicht verteile.
Mountainbiken wird für mich immer eine tolle Alternative bleiben. Ich kann dabei die Natur genießen, zur Ruhe kommen und auch mal so richtig abschalten.
Natürlich gewinnt man mit jeder zusätzlichen Fahrt an Routine, aber da ich damals auch Corinna im Spezialsitz auf die Touren mitnahm, war ich natürlich doppelt vorsichtig. Da dachte ich vor allem an die Sicherheit der

Kleinen, und an mich erst in zweiter Linie. Es war aber eine tolle Möglichkeit, um meine Frau Annette zu entlasten. Erstmals konnte ich Sport und Familie kombinieren. Das fühlte sich toll an.

Besonders in Erinnerung wird mir immer mein erster gemeinsamer Ausflug mit Corinna bleiben – und zwar rauf auf die Kitzhütte. Die Kleine war damals gerade mal acht Monate alt. Unten im Tal war es noch angenehm warm. Oben auf den letzten Metern erwarteten uns bereits Schneeschauer. Als junger Papa hatte ich sehr wohl leichte Zweifel, ob ich es schaffen würde – ich fühlte mich zwar auf dem Bike schon sehr sicher, aber bei der

Der Sport hat mich mein ganzes Leben lang begleitet. Von klein auf hatte ich mir Ziele gesetzt, die ich im Fußball erreichen wollte. Rückblickend kann ich sagen, dass ich dabei immer den nötigen Spaß und Freude an der Sache hatte. Dieser Antrieb, die eigenen Ziele ehrgeizig zu verfolgen, ist vor allem mit viel konsequenter Arbeit verbunden. Wenn ich etwas erreichen will, dann muss ich dafür etwas tun!
So habe ich meinen Körper erst kennenlernen müssen. Stärken und Schwächen müssen einem bewusst sein, damit gezielt daran gearbeitet und die Leistung auf Knopfdruck abgerufen werden kann. Neben der individuellen Entwicklung, die ich als eine positive Lebenserfahrung einstufe, kommt noch der Druck von außen hinzu – der in meinem Beruf stetig wächst. Umso mehr kann ich bestätigen, dass vor allem die eigene Familie ein wichtiger Faktor ist und hilft den nötigen Abstand zu gewinnen, um auf andere Gedanken zu kommen.
Das ist mein Ausgleich im täglichen Wettkampf mit mir selbst. Egal ob Positives oder Negatives, wichtig ist es die Tatsachen realistisch einzuordnen, um seine Ziele und Ideale nicht aus den Augen zu verlieren.
Ich finde einen Gedanken schön, der mich geprägt und schon immer begleitet hat. Daher wurde dieser auch zu meinem Motto: „Wer glaubt etwas zu sein, hat aufgehört etwas zu werden". [Sokrates]

Zlatko Junuzovic, Fußballprofi bei Werder Bremen

Tour noch die Verantwortung für meine kleine Tochter zu tragen … eine ganze Menge Druck für mich. Mir war auch klar, dass ich sofort umdrehen würde, sollte ich mich überfordert fühlen – unser beider Sicherheit war einfach das Wichtigste.

Schon auf den ersten Schritten hinunter in die Garage musste ich einerseits Corinna beschäftigen, andererseits das Bike auf den Radhänger montieren. Mit dem linken Fuß schaukelte ich das Maxicosi, mit der Hand fixierte ich das Rad. Nochmal wurde der Inhalt des Rucksacks kontrolliert: Windeln, Jacke, Haube, Decke, Verpflegung … alles da – aber kein Wunder – war ja schon die dritte oder vierte Kontrolle. Die Autofahrt verlief sehr entspannend, Corinna schlief ganz ruhig. In Hollenstein suchte ich mir einen geeigneten Parkplatz.

Ich wollte nicht, dass mich andere Menschen beobachteten, wenn ich – am Anfang vielleicht – unbeholfen herumhantieren würde. Bislang wurde mir bei solchen Ausflügen immer geholfen. Diesmal lag es an mir alleine, die Kleine zu unterhalten und mich für die Fahrt nach oben fertig zu machen. Das mag für viele nach einem ganz normalen Elternalltag klingen, aber ich war in diesen Minuten sicherlich nervöser, als bei all meinen Wettkämpfen.

Wenn Dir eine Gliedmaße fehlt, musst Du die Handgriffe im Vorhinein exakt planen. Rucksack umhängen, Kleine rausnehmen, im Radsitz fixieren, Autotür mit dem Fuß zustoßen, Schulterriemen schließen, selbst aufsteigen, das Rad zwischen den Beinen fixieren und mit der Fernbedienung das Auto abschließen.

Die ganze Zeit erzählte ich Corinna von der Umgebung – von Kühen auf der nahen Wiese – von einem Hund, der gerade vorbeilief … damit wollte ich sie weiterhin ruhig halten – zugleich aber beruhigte das auch mich … und ich wollte ja nicht, dass meine Nervosität auf die Kleine abfärben würde.

Zeit für die Kinder nuss sein!

Dann ging's los. Auf den ersten Fahrkilometern ging es vor allem darum, den Rhythmus zu finden – die Konzentration war automatisch auf dem höchst möglichen Grad.

Dazwischen immer wieder fröhliches Gegluckse von hinten, wenn Corinna etwas Neues entdeckte … sie war immer ein sehr mitteilsames und fröhliches Kind. Dadurch ging auch mein Puls ein wenig runter. Auch wenn einige Passagen so steil waren, dass ich meinen Oberkörper ganz nach vorne legen musste, damit das Gewicht des Kindersitzes nicht das Rad aufstellte.

Dann kam mir ein anderer Radfahrer entgegen. Er musterte mich mit einem sehr skeptischen Blick – vor allem, als er die Kleine im Kindersitz entdeckte. Schon am Vortag hatten sich einige kritisch geäußert – mich egoistisch genannt, weil ich so etwas riskierte. Schlussendlich hatte ich aber das Gefühl, dass dieser Ausflug Corinna und mich auf eine besondere Weise zusammen geschweißt hat. Nicht „der Gipfel" war an diesem Tag das Ziel, sondern das Projekt selbst.

Auf der Hütte angekommen, staunte der Wirt nicht schlecht, als er mich mit dem Baby sah. Windeln wechseln, stärken – und dann wieder runter. Ganz vorsichtig und behutsam – aber erfolgreich. Am Ende dieses Tages hatte ich das Gefühl, ich könnte Bäume ausreißen.

DIE BESTE EHEFRAU VON ALLEN

Jeder Mensch, der seine große Liebe tatsächlich findet – und sie auch dauerhaft hält – kann sich glücklich schätzen. Bei mir und Annette war es ohnehin Schicksal. Schon als Mädchen bei den Schirennen ist sie mir ja aufgefallen, auch später im Freundeskreis war sie ein fixer Bestandteil und wir hatten damals auch eine kurze Beziehung. Doch damals war sie eher auf ihren Bruder Patrick – meinen besten Freund – eifersüchtig. Denn bei jedem Besuch in ihrem Elternhaus, begrüßte ich zuerst ihn … Jungs halt. Auch für meinen rasanten Fahrstil hatte sie wenig übrig. Wir waren letztlich wohl beide noch nicht wirklich beziehungsreif.

Annette, du vervollständigst mein Leben! Danke dafür!

„… Schau' nicht mehr zurück in die Vergangenheit, sondern blicke nach vorne in deine Zukunft. Denke nicht daran, was gewesen wäre, sondern denke daran, dass es passiert ist und dass man nichts mehr ändern kann.
Du bist noch jung und hast noch viele Pläne in deinem Leben, die du noch vervollständigen und wirklich machen kannst und musst…"
„… So, und jetzt werde ich dir etwas sagen: Sicherlich ist es total beschissen, und es ist ein total schwerer Schicksalsschlag für dich. Aber weißt du was? Du bist einer, der eine starke Willenskraft hat und den Kopf hoch hebt und sagt:" ICH SCHAFFE ES!" Umsonst sage ich nicht immer zu dir „OLI-BÄR", OK?"

Der Brief, den sie Patrick damals in Krankenhaus mitgab, hat mir aber die Augen geöffnet. Ihre Gedanken waren so klar, ihre Gefühle so echt – und die aufmunternden Worte gaben mir Halt. Nach und nach trafen wir uns immer öfter, redeten und unternahmen sehr viel – dank ihrer sportlichen Art haben wir ohnehin viel gemeinsam.

Beispielhaft ist der Tag, an dem Annette mit Corinna nach der Geburt nach

Hause kam, machten wir uns umgehend auf in die Berge. Der Kinderwagen hatte entsprechende Profilreifen und war für jedes Gelände geeignet. Je weiter wir nach oben kamen, umso heftiger pfiff uns der Wind um die Ohren. Auf der Anhöhe setzte sich Annette auf einen windgeschützten Baumstamm, um die Kleine zu versorgen. Ich war noch nie zuvor so stolz auf andere Menschen gewesen. Das war einer der Momente, wo mir klar war, dass uns nichts und niemand je trennen werden.

Ein Sportler muss sich Stress aussetzen, er muss ihn aber während des Wettkampfs so gut wie möglich abschütteln können. Das gilt aber auch für jeden, der sich beispielsweise im Beruf ein großes Arbeitspensum auferlegt hat. Sich nur laut vorzusagen, dass man sich gestresst fühlt, wird einem eher runterziehen. Sich daran zu motivieren, wie viel man schon geschafft hat, spornt hingegen an. Aus sportlicher Sicht kann ich nur sagen, wie wichtig es ist, wenn man nach einem schweren Match nach Hause – in ein beruhigendes Umfeld – kommt. Sicherlich war das für meine Frau nach Niederlagen nicht immer leicht, denn da ist man einfach nicht so gut drauf. Aber alleine der positive Zuspruch genügt, um nach (relativ) kurzer Zeit wieder ansprechbar zu sein. Die Vereinbarkeit von Familie und Spitzensport ist deutlich schwieriger, als es wohl viele glauben. So benötigt man auch im Mannschaftssport einen gewissen Egoismus, um beispielsweise noch eine Extra-Trainingsschicht einzulegen, falls man beim Trainer nicht erste Wahl ist. Wie das erst bei einer Einzelsportart ist, kann auch ich mir nur anhand von Erzählungen vorstellen – aber hier können die Trainingseinheiten auch schon mal ausufern. Die richtige Balance ist das Ziel eines jeden, aber gerade dieses ist sehr schwer zu erreichen. Hochachtung daher vor Oliver, den ich schon einige Zeit kenne und schätze. Wie er sein Familienleben mit 3 Kindern managt (auch dank Annette) und zugleich solch sportliche Erfolge einfahren kann, ist einfach nur bemerkenswert. Alles Gute!

Manuel Ortlechner, Ex-Fußballprofi bei Austria Wien

Die Hochzeit ist sehr spontan, im engsten Familien – und Freundeskreis, über die Bühne gegangen. Annette war hochschwanger mit Corinna – und das war der schönste Tag in meinem Leben. Zunächst war die Schwangerschaft ein kleiner Schock gewesen, da wir das absolut nicht eingeplant hatten. Doch mit jedem Tag freuten wir uns mehr und mehr auf unseren Sonnenschein. Wir stell(t)en uns der Herausforderung Familie … bis zum heutigen sehr erfolgreich, wie ich meine.

Mit ihr habe ich die Richtige gefunden. Sie unterstützt mich bei meinen sportlichen Aktivitäten. Sie holt mich wieder auf den Boden zurück, wenn meine Gedanken zu verrückt werden. Sie schupft den Haushalt und ist eine großartige Mutter. Ihr war es von Anfang an egal, wie viele Arme ich habe. Ihre positive Ausstrahlung stärkt mich jeden Tag auf's Neue. Hätte mir kurz nach dem Unfall jemand erzählt, ich werde heiraten, drei wunderbare Kinder haben, ein eigenes Haus, einen tollen Job und auch noch eine Sportler-Karriere … ich hätte ihn wohl ausgelacht. Es ist aber noch besser gekommen, als ich es mir in meinen kühnsten Träumen erwartet hätte. Daher lasse ich die Zeit nicht einfach so verstreichen – dazu ist sie zu wichtig. Ich habe die ideale Partnerin gefunden, um sportlich, körperlich und privat (aus meiner Sicht) erfolgreich zu sein. Dadurch bin ich ausgeglichen und kann Bestleistungen bringen. Vielleicht sage ich es Annette nicht oft genug: aber ohne sie wäre ich niemals dort, wo ich jetzt bin.

IRONMAN – DIE ULTIMATIVE HERAUSFORDERUNG

Wie ein Blitz fuhr eines Tages ein Freund mit seinem feuerroten Zeitfahrrad an mir vorbei. Ein Ausdauersport mit hoher Geschwindigkeit, bei dem man bis an seine Grenzen gehen muss – das waren die ersten Gedanken, die ich bei diesem Anblick fasste. Im Radgeschäft war es dann ähnlich wie beim Snowboard-Kauf. Da sah ich ein schwarzes Carbonbrett, das ich nie zuvor probiert hatte und wusste sofort: dieses oder keines. Dasselbe

Zu Beginn war ich doch sehr skeptisch, als ich von Oliver's Ironman-Plänen hörte. Erst im Jahr davor war er in Südamerika gewesen, um den Aconcagua (6.692 Meter hoch) zu bezwingen. Leider hat es nicht geklappt – dort wurden Oliver in rund 5.000 Metern die Grenzen aufgezeigt, weil ihm die Höhe einfach zu sehr zu schaffen macht. Jetzt war mir klar, dass ihn eine neue Leidenschaft packen würde ... und dass dies auch für die Kinder und mich eine Herausforderung sein würde.

Das Training würde viel Zeit in Anspruch nehmen. Zum Glück war und ist Oliver ein sehr guter Vater und kann sich seine Zeit optimal einteilen. Trotz all seiner Pläne sind seine Kinder und auch ich nie zu kurz gekommen. Ihn von etwas abzuhalten oder ihm gar etwas zu verbieten, wäre absolut sinnlos. Wenn er sich einmal was in den Kopf setzt, dann zieht er das auch durch.

Er schafft das mit einer Hand, was andere mit zweien nicht schaffen. „Geht nicht" gibt's nicht. Daher stand und stehe ich auch immer hinter seinen zugegeben ehrgeizigen Plänen – aber der Erfolg gibt ihm Recht. Es ist faszinierend Oliver beim Training zu begleiten. Zu sehen, wie er an seine körperlichen und geistigen Grenzen geht ... und auch darüber hinaus.

Auch für seinen Ehrgeiz liebe ich ihn, denn ich weiß, dass es nichts gibt, was unsere Familie nicht schaffen wird – nicht zuletzt, weil uns Oliver anspornt.

Annette

Schicksal ereilte mich in diesem Radgeschäft. Ich sah mein LOOK Zeitfahrrad und ließ es nicht mehr los. Ich kaufte dieses Rad ohne zu wissen, ob ich es auch jemals lenken können würde. Drei Tage brauchte der Verkäufer, um es vollständig zusammen zu bauen. Es waren drei sehr lange Tage, doch endlich war es soweit...

Die ersten drei Meter auf dem Gelände fühlte ich mich sehr unsicher. Der Verkäufer, selbst ein guter Radfahrer, machte mir klar, dass das gewisse Feeling erst mit der Zeit kommen könne. So machte ich das einzig Richtige: Ich fuhr vom Radgeschäft direkt nach Hause. Die ganzen 70 Kilometer. Anfangs im Stadtverkehr mit Schalten, Bremsen und Clipschuhe war das eine echte Herausforderung.

Auf den weitläufigen Landstraßen hingegen war es sehr einfach. Zu Hause stieg ich ab, als ob ich nie etwas anderes gemacht hätte. So fuhr ich täglich meine Runden, bis ich eines Tages im Freibad vorbei kam. Ein Freund erzählte mir hier, er habe vor zwei Tagen beim Ironman in Kärnten

© Mirja Geh

teilgenommen. Das Wort „Ironman" kannte ich damals nur vom Hören-Sagen. Ich konnte es absolut nicht einschätzen, als er mir erklärte, er habe 13 Stunden und 35 Minuten für die Distanz benötigt. Das kam mir schon etwas lang vor, doch er meinte nur, ich solle das zuerst versuchen … und dann wieder mitreden. Ich antwortete kurzerhand und freilich sehr unüberlegt: „Das mache ich doch mit links! Von dieser überaus spontanen Idee erzählte ich anderen Freunden, die sich – ebenfalls sehr selbstbewusst – gleich gemeinsam mit mir zum nächsten Ironman anmeldeten.

3,8 Kilometer Schwimmen, 180 Kilometer Radfahren, 42,2 Kilometer Laufen … na und? Das ließ uns alle zunächst ziemlich kalt. Wir waren fit und wir hatten das Gefühl, wir könnten die Welt aus den Angeln heben. Deswegen trainierten wir auch nicht mehr oder weniger als sonst. Erst nach Wochen besann ich mich darauf, dass auch Laufen zum Ironman gehört – und das bislang für mich eher fremd war. Daher kaufte ich mir eines nachmittags kurzerhand Laufschuhe. Am nächsten Tag fuhr ich mit dem Zug die 45 Kilometer zur Arbeit, nahm mir ab Mittag frei und lief die Strecke retour. Ohne Warmup, ohne Herantasten … also sehr unüberlegt. Die ersten Kilometer waren kein Problem, aber nach und nach machte mir die Hitze zu schaffen.

Auch meine Muskulatur war nicht ans Laufen gewöhnt. Aber je näher ich der Wohnung kam, umso mehr konnte ich mich überwinden. Zu Hause angekommen wollte ich nur noch trinken, etwas essen und ab in die Badewanne … aus der ich ehrlich gesagt nicht mehr weiß, wie ich es wieder heraus geschafft hatte. Aber das Laufdebüt war an sich erfolgreich erledigt. Die Zeit eine absolute Nebensache.
Ich kann nicht sagen, wie befreiend es ist, die eigenen Ziele verwirklichen zu können – ja zu „dürfen“ – weil man den Rückhalt der Familie hat. Und Annette unterstützt mich wirklich, wo es nur geht. Beim Schwimmtraining beispielsweise mit Stricherllisten. Es ist ja an sich eine einfache Rechenaufgabe: 3,8 Kilometer Schwimmen sind in unserem Freibad 152 Längen á 25 Meter. Pro Bahn ein Strich, dazu noch zwischenzeitliches Zeitmessen und natürlich Fotos für das Familienalbum. Ich kann mich noch erinnern, als ich nach dem ersten Mal ganz zittrig aus dem Wasser gekommen bin, mein ganzer Körper zitterte vor Kälte, ich hatte komplett blaue Lippen – aber den Kuss von Annette habe ich gerade noch gespürt.
Während ich beim Schwimmen und Laufen auch zu Beginn leise Bedenken hatte, fiel mir das Radfahren von Haus aus leicht. Ich hatte hier – wohl durch meine Aktivitäten im Winter – auch schon einen kleinen Trainingsvorteil. Die Höhenmeter vom Schitourengehen lassen sich praktisch 1:1 auf das Radfahren umlegen. Jede einzelne Trainingsfahrt machte ich zu einem Rennen gegen mich selbst, andere Radfahrer oder Traktoren. Von und zur Arbeit ging es ausschließlich mit dem Rad – bei jedem Wetter.

Diesen beiden Trainingsfahrten pro Tag von je rund 40 Kilometern gaben mir einen hervorragenden konditionellen Grundstock – auch für das Laufen und Schwimmen. Im Nachhinein gibt es mir persönlich auch einen Motivationsschub, wenn mir beispielsweise Annette erzählt, was die Leute sagen, wenn ich einen Bewerb absolviere. Natürlich schätze ich bewundernde Aussagen, aber ich hoffe noch mehr, dass ich anderen Leuten wirklich klar machen kann, was der Mensch zu leisten im Stande ist.
Aber natürlich streichelt es das Ego, wenn man selbst, oder in diesem Fall Annette beim Extrem-Duathlon in Gaishorn am See, hört: „Bist du narrisch, hast du das gesehen? Der fährt nur mit einem Arm hier rauf, wo andere mit zwei Armen zu kämpfen haben! So ein wilder Hund - das gibt's doch gar nicht!"
Dieses Rennen habe ich auch schon mehrfach mit meiner Tochter Corinna gemeinsam absolviert und es zählt daher für mich zu den ganz besonderen Momenten in meiner Sportler-Laufbahn. Ich freue mich schon darauf, diesen Berg-Duathlon – bestehend aus Biken und Laufen– vor dieser traumhaften Kulisse auch gemeinsam mit meinen anderen beiden Kindern zu bestreiten.

Denn das Gesäuse liegt ja praktisch vor meiner Haustüre. Da geht man natürlich doppelt gerne an den Start. Im Ziel kennst du wirklich jeden einzelnen Zuschauer – für mich ist es wie ein Event im eigenen Wohnzimmer. Die Organisation ist sehr locker, ich fühle mich immer wie bei einer großen Familienfeier.

JETZT ZÄHLT'S

Ein Jahr lang hatte ich mir Zeit gegeben, um auf den Ironman hinzutrainieren. Erstmals gingen mir auch Gedanken durch den Kopf, ob ich mir denn nicht zu viel zumuten würde. Immerhin hatte ich noch keinen einzigen Triathlon absolviert. Erstmals spürte ich Zweifel – die Angst zu scheitern spukte mir durch den Kopf. Dennoch hatte ich das Ziel für mich klar formuliert: ich wollte die Richtzeit von 13 Stunden unterbieten. Meine Stärke im Radfahren sah ich als Joker an. Letztlich hatte ich mich aber auf etwas vorbereitet, das man zuvor nicht einfach testen konnte. Drei unterschiedliche Disziplinen auf jeweils extrem lange Distanz zu absolvieren, ohne die Vorbelastung zu spüren – das ist die Kunst beim Ironman ... das ist der Mythos Ironman.

Unser Quartier in Krumpendorf lag direkt an der Laufstrecke. Das Wichtigste in den letzten Tagen vor diesemBewerb waren eine ausgewogene Ernährung und ausreichend Flüssigkeit. Wie ein Kamel legte ich mir ein Wasserdepot an. Am Vortag des Starts konnte ich es innerlich gar nicht mehr erwarten.

An Startnummernausgabe und das Renn-Briefing kann ich mich kaum erinnern. Die Nacht verlief sehr unruhig – zu viele Gedanken schossen mir durch den Kopf. Ich dachte an das monatelange Training, an meine Familie, ging meinen Rennplan nochmals durch. Etwas Nervosität und Respekt vor der Strecke ist wichtig, um das nötige Adrenalin aufzubauen ... um das nötige Leistungsniveau zu erreichen.

Dann war er da – der 5. Juli 2008. Tagwache war um 5 Uhr. Nach einem kohlenhydratreichen Frühstück ging ich mit meinen Freunden mit der gesamten Ausrüstung zum Start. Zu diesem Zeitpunkt waren wir ungewöhnlich kleinlaut. Mir gingen die Bilder von Bewerben durch den Kopf, die ich mir im Fernsehen angesehen hatte. Hunderte, ja tausende Starter stürzten sich beim Start ins Wasser und visieren alle die eine Boje an. Mit positiver Selbstmotivation und einem letzten Kuss von Annette schüttelte ich den Anflug von leichter Panik ab.

Im Vorstartbereich tummelten sich schon viele Athleten. Ich wollte die Wassertemperatur fühlen und ging in Richtung Ufer. Als ich mich umdrehte, sah ich 3.000 Menschen in schwarzen Neopren-Anzügen langsam auf mich zukommen. Jetzt war wirklich kein Zurück mehr möglich. Schulter an Schulter standen wir allesamt am Ufer und rückten Reihe für Reihe vor ins immer tiefer werdende Wasser. Eigentlich wollte ich zu diesem Zeitpunkt zurück, aber dies war nicht mehr möglich. Schritt für Schritt ging es vorwärts, keiner konnte mehr stehen bleiben, laut meiner Uhr hatten wir noch zwei Minuten bis zum Startschuss. Auf einmal tauchte einer unter und paddelte los.

Er löste eine Kettenreaktion aus. Überall spritzte das Wasser, das Platschen war so laut, dass der offizielle Startschuss nicht zu hören war. Das Rennen hatte somit sehr unorthodox begonnen.

Beim Ironman am Wörthersee ist der Teufel los!

Aus der Hubschrauberperspektive war im Nachhinein zu erkennen, dass sogar die Profis, die sich 100 Meter weiter vorne bereit gemacht hatten, zu früh starteten. Ganz einfach um nicht vom Hauptfeld eingeholt zu werden. Platzangst war aber kein Thema. Das Feld sah von oben aus, wie eine Traube und ich wurde förmlich mit den anderen mitgesogen.

Beim Umrunden der Boje gab es ein dichtes Gedränge, das Feld wurde auseinander gezogen. Der Körper funktioniert zu diesem Zeitpunkt wie eine gut geölte Maschine. Armzug – Beinschlag – jedes zweite Mal Luft holen … und nur ja im Rhythmus bleiben. Endlich an der letzten Boje vorbei, schnell aufblicken, um auch ja die genaue Richtung zu finden und unnötige Meter zu vermeiden. Alles lief nach Plan, die Kraft durfte nur ja nicht nachlassen. Da ich mir die Distanzen zwischen den Bojen einprägte, wusste ich eigentlich immer, wo ich lag und wie es um meine Zeiteinteilung bestellt war. Etwas zick zack, aber doch nach Plan kam ich dem Lendkanal näher.

Dort hörte man schon von weitem den Jubel der Tausenden Zuseher. Ich wurde richtig euphorisch. Einerseits durch den Gedanken, dass einem so viele anfeuern, andererseits aber auch deshalb, weil ich das Schwimmen schon fast geschafft hatte. Nach 1 Stunde 16 Minuten Schwerelosigkeit stieg ich aus dem Wasser. Die ersten Schritte waren nach der langen Zeit der Schwerelosigkeit etwas unrund.
Nun rasch ins Wechselzelt, wo im Außenbereich die Säcke mit dem Rad-Equipment angebracht waren. Der Trick eines Freundes half mir, meinen Sack schneller zu finden, denn wir sprühten die Trageschnur mit orangen Neonspray an. So konnte ich ihn im Laufschritt aufspüren, an mich nehmen und im Zelt ausleeren.
In Windeseile hieß es nun mich aus meinem silbernen Neopren-Anzug (Marke Camaro Neo) zu schälen, Cap und Brille abzunehmen und sich für das Radfahren fertig zu machen. Helm, Sonnenbrille, Socken und Radschuhe an und schnell Richtung Rad. Vorbei an hunderten roten Rädern so rasch wie möglich zu meinem Bike, das vor der weißen Birke auf der linken Seite stand.

Schnell das Rad aus der Box genommen, weiter zu den strengen Kontrolleuren in der Wechselzone und ab der grünen Linie aufs Rad gesprungen. Ab da war ich genau in meinem Element. Meine Freunde sprachen im Vorhinein schon immer recht ehrfürchtig vom Rupertiberg - ein eigentlich relativ kurzer, aber immer steiler werdender Anstieg – vergleichbar mit einer Rampe. Dieser unterbrach die Monotonie des Tretens, bringt einem aus dem Rhythmus. Es war schwer, danach rasch wieder flüssig weiter zu radeln. Das galt auch für den zweiten Aufstieg Richtung Faakersee. Für mich war die Strecke aber wie maßgeschneidert. Ich liebe diese Abwechslung und stelle mich der Herausforderung.

Lag ich nach dem Schwimmen auf Platz 1637, so fand ich mich nach dem Radfahren auf Rang 175 wieder. Ich fühlte mich von Anfang an sehr gut, konnte flüssig fahren und überholte konstant. Anfangs dachte ich, mein Bike funktioniert perfekt, alle anderen haben ein Problem oder keine Luft im Rad oder im Körper. In der ersten Runde mit ihren 90 Kilometern fuhr ich einen Schnitt von über 42 km/h. Der damalige Sieger war beim Radfahren in der ersten Runde nur vier Minuten schneller als ich.

Ich überholte und überholte, bis plötzlich der Platz ausging. In einem kurzen Gegenverkehrsabschnitt wurde es sehr eng, zu eng. Bei einem Hütchen, das mitten auf der Straße stand, fuhr ich lieber links vorbei, um eine Kollision zu vermeiden. Das blieb leider nicht ohne Folgen. Sofort überholte mich ein Marschall, der auf seinem Motorrad zu diesem Zeitpunkt ausgerechnet direkt hinter mir fuhr. Beinhart streckte er mir eine gelbe Karte entgegen und brauste weiter. Ich gab natürlich weiter Gas, denn ich war ja mitten im Rennen.

Als ich Harry eingeholt hatte, fragte ich ihn, was diese gelbe Karte bedeuten sollte. Er meinte das sei eine Zeitstrafe, nur vor einer roten oder schwarzen Karte müsste ich mich hüten. Ich musste meine Wut etwas im Zaum halten, um weiter eine perfekte Leistung bringen zu können.
Am Beginn der zweiten Runde feuerte uns das Publikum im Wechselbereich sensationell an – jeden einzelnen Athleten. Es ging ab in die letzte Runde – ich biss die Zähne zusammen. Das Wasser bzw. der Hollersaft waren schon fast aufgebraucht, aber ich wollte keinesfalls bei der Labestation stehen bleiben. In Gedanken fuhr ich alle Verpflegungsstellen ab und überlegte, wo ich am wenigsten Zeit verlieren würde. Genau jetzt kam mir die Auffahrt Richtung Faakersee entgegen. Einerseits war ich dort relativ langsam unterwegs, andererseits kam ich zu einem sehr aufmerksamen Verpflegungsposten. Ich fixierte ihn und schrie: „Nimm zwei Flaschen und lauf bitte mit mir mit."

Den Rest erledigte der Mann von sich alleine. Er öffnete die erste Flasche und leerte sie mir in die Aeroflasche, die mitten in meinem Lenker verankert war. Die zweite steckte er mir im Laufschritt in die hintere Haltung in meinem Sitz. Er hatte für mich eine besondere Auffassungsgabe und reagierte blitzschnell. So verlor ich keine Zeit. Bei den letzten 50 Kilometern waren nur mehr sehr wenige Athleten zu sehen, da ich mich bereits im vorderen Teilnehmerfeld befand. Einerseits versuchte ich, sehr schnell zu fahren, andererseits schonte ich die Muskeln so gut es ging. Die meisten Athleten lassen das Rad die letzten Kilometer vor dem Absteigen nur rollen. In Gedanken spielten aber auch die fünf Minuten Penaltystrafe, die ich bekommen hatte, eine besondere Rolle. Daher musste ich umdisponieren. Bis zur Dismountlinie (Abstiegslinie) fuhr ich daher Vollgas. Der Himmel verdunkelte sich immer mehr, es ging sich aber gerade noch aus, um trocken zu bleiben. Leichte Halluzinationen schossen mir durch den Kopf. Ich brauchte dringend etwas Flüssigkeit – in diesem Moment verlieh mir Red Bull im wahrsten Sinn des Slogans Flügel. Jetzt nur keinen Fehler machen, sauber vom Rad herab – dann fünf Minuten (Straf)Pause. Ich war nicht alleine in der Strafbox. Die meisten waren wegen unerlaubtem Windschattenfahrens belangt worden. Helm und Radschuhe kamen in die Tasche, Laufschuhe und Cap wurden angezogen. Fast schon quälend war die Frage, wie lange ich noch warten musste ... denn Athlet für Athlet lief an mir vorüber.

Mittlerweile war das Gewitter direkt über uns – es donnerte und blitzte heftig. Regen sorgte für kühlere Luft, was mich für den anstehenden Marathon optimistisch stimmte. Nur nicht zu schnell weglaufen. Meinen eigenen Plan unbedingt einhalten. Auf den Puls achten, sich nicht von anderen mitziehen lassen. Nach Puls und Plan in den ersten Kilometern kommen. 3, 2, 1 – endlich ab. Schon vorab hatte ich mir den Marathon auf vier Strecken á 10 Kilometer aufgeteilt. So fiel es mir leichter, bei meinem Zeitplan zu bleiben.

Wichtig war es, sich an den Verpflegungsstellen mit Zucker zu versorgen und den Kopf mit Wasser zu kühlen. Vor allem, nachdem der Regen rasch wieder abgezogen war und die Sonne mit voller Kraft auf das Teilnehmerfeld herab schien – unerbittlich, unnachgiebig. Das Publikum erleichterte das Laufen ungemein. Die Anfeuerungen unterstützten jeden einzelnen meiner Schritte. Etwas mühsam empfand ich die Streckenführung durch das Strandbad, wo es doch sehr stark nach Pommes roch und die Leute in den Strandsesseln ihr kühles Bier genossen.

Aber Augen zu und durch, so meine Devise. Kilometer für Kilometer, man überholt und wird überholt, man hat geistig wie körperlich Höhen und Tiefen … aber am Wichtigsten: nur nicht stehenbleiben. Immer weiter. Dann kam ich erstmals in die Nähe von Annette und den Kindern. Die Schreie meiner Frau hörte ich wohl schon hunderte Meter vorher. Es tat gut, zu diesem Zeitpunkt des Rennens, bekannte Gesichter zu sehen. Doch dann machte ich einen kapitalen Fehler! Das Verlangen nach Kohlenhydraten ließ mich zwei Geltuben am Verpflegungs-stand mitnehmen. Die süße, klebrige Masse verteilte sich in meinem Mund, doch hatte ich nichts zum Nachtrinken und die nächste Labstelle war erst in drei Kilometern.

Kilometer für Kilometer spulte ich herunter – es ging mir körperlich besser, als ich erwartet hatte. Zunächst die ersten 10 Kilometer, dann 20 – und schon war die Hälfte der Gesamtstrecke geschafft. Ich lief gerade durch das Zentrum von Klagenfurt. Hier war an einer Stelle eine Glocke montiert. Jeder Athlet, der sie betätigte, sammelte einen Euro für einen guten Zweck.

Der Wechsel ist immer eine besondere Herausforderung.

Auch ich machte den kleinen, notwendigen Sprung, um die Glocke zu läuten, aber verfehlte die Schnur. Also kehrte ich vor hunderten Leuten um und sprang nochmal. Diesmal lief alles nach Plan. Es kostete zwar ein wenig Zeit und Kraft, doch gab mir diese Aktion Auftrieb. Ich wurde mit jedem Kilometer, den es dem Ziel entgegen ging, stärker.

Dann nur noch sechs Kilometer. Ich spürte meine Beine nicht mehr, am liebsten hätte ich mich wo hingesetzt und wäre nie wieder aufgestanden. Doch der Wille das Rennen zu Ende zu bringen, hielt mich in der Spur. Es brach die bis dahin wohl längste halbe Stunde meines Lebens an. Die Gesichter der Menschen am Straßenrand huschten nur an mir vorüber, ich nahm keinen mehr wahr.

Die Gedanken drehten sich nur noch darum, wie ich in den nächsten Tagen relaxen würde. Vielleicht im Strandbad bei Pommes und Bier? Gegen 17 Uhr kam ich in Zielnähe. Schon zwei Kilometer davor säumten besonders viele Menschen die Absperrungen. Sie brachten die Athleten dazu, nochmals alles aus sich herauszuholen. Kurz vor dem Ziel stand auf der linken Seite Annette. Sie drückte mir freudestrahlend einen Kuss auf die Wange, hob Jakob auf meine Schultern und Corinna lief neben mir – wie vereinbart – ins Ziel.

Knapp vor dem Ziel - einfach froh, es geschafft zu haben!

Diese letzten rund 30 Meter genoss ich in vollen Zügen – Schritt für Schritt. Diesen Moment werde ich das ganze Leben lang in meinem Herzen tragen. Man muss Übermenschliches leisten, um unglaubliche Momente zu erleben. 10 Stunden und 14 Minuten hatte ich gebraucht. Dann war es vorbei – geschafft! Mit der Zeit war ich mehr als zufrieden. Ich hatte es unter die ersten 15% aller Finisher gebracht.

Wir gingen ein kleines Stück nach hinten in den Park und setzten uns im Schatten unter einen Baum. Ich gönnte mir kaltes, alkoholfreies Bier und genoss es, einfach ruhig dazuliegen. Nicht nur, dass ich es tatsächlich geschafft hatte, verlieh mir die Kraft für weitere Projekte, sondern letztlich war es auch der lange Zeitraum, in dem ich darauf hingearbeitet hatte, der mir Euphorie verlieh.

Die anschließenden zwei Wochen Ruhe, diverse Feiern und lockeres Leben, verlängerten den positiven Effekt und meine Wahrnehmung, etwas Besonderes geschafft zu haben. Es ist sehr wichtig, solche Momente auszukosten und sich öfters daran erinnern. Für mich als Sportler war es das

Resultat nach einem Jahr harter Arbeit. Dennoch dauerte es nicht lange, bis ich mich darüber ärgerte, dass ich nicht noch 14 Minuten schneller gewesen war. Also begann nach dem Projekt „Ironman 2008" umgehend das Projekt „Ironman 2009 – unter 10 Stunden".
Man darf eines nicht vergessen – bei einem Ironman ist nicht ein anderer Athlet der Gegner, sondern „nur" man selbst, die Strecke und die Zeit. Vor jedem anderen Menschen, der sich dieser Sportart stellt, gilt es, einfach nur Hochachtung zu haben. Schon die Teilnahme erfordert eine gewisse Überwindung. Nicht alle verstehen, dass man hunderte Euro Startgeld zahlt, um sich dann total zu verausgaben und zu quälen.

Um so ein Rennen genießen zu können, steckt ein enormer Aufwand dahinter. Nicht nur die eigene Fitness, sondern die einjährige intensive Vorbereitung auf so ein Event. Es bedarf vollstes Verständnis von Familie und Arbeitgeber. Urlaube werden verplant, Trainingslager absolviert. Tausende Trainingsstunden im Wasser, am Rad oder in den Laufschuhen sind der Schlüssel zum Erfolg. Man steckt sehr viel Geld in die Ausrüstung, nur um einige Sekunden schneller zu sein. Alles für einen Sport, bei dem die härtesten Kerle schon Tränen vergossen haben – aus Zorn, aus Erleichterung oder auch vor lauter Anstrengung.

WAHRE FREUNDE

Bei der Frage: „Was ist wichtig und kostbar im Leben?" kommen als Antwort (richtigerweise) Gesundheit, Zeit, die Liebe ... und auch die Freundschaft. Echte Freunde kann man sich nicht kaufen, man gewinnt sie über die Jahre. Oft sind es dieselben Ansichten, die einen zusammenschweißen, noch viel öfter sind es aber dieselben Hobbies. Bei mir sind es daher sehr viele Sportskameraden, die ich zu meinem wirklich verlässlichen Freundeskreis zählen darf. Einige, aber natürlich nicht alle, will ich Dir kurz vorstellen und sie auch zu Wort kommen lassen, denn sie alle bereichern mein Leben ungemein. Bei jenen, die hier nicht namentlich genannt werden, hole ich das in einem meiner späteren Bücher nach. Spaß beiseite – danke für Eure Freundschaft.

Für all meine Freunde gilt eines: sie sind nicht nur für jeden Blödsinn zu haben, sondern stehen auch in schwierigen Zeiten immer hinter mir. Man kann immer mit ihnen lachen, aber sie haben auch in schwierigen Zeiten stets ein offenes Ohr für Probleme aller Art.

Oli stellt uns beide immer wieder vor besonders anspruchsvolle Herausforderungen. Nach dem Unfall wusste ich zu Beginn nicht, wie ich damit umgehen sollte. Darf man auch wieder mit ihm lachen so kurz nach einem so heftigen Schicksalsschlag? Kann man überhaupt über den Unfall reden? Als er schon ein Jahr danach wieder mit dem Gleitschirm flog, wusste ich nicht, warum er dieses hohe Risiko einging. Ich denke, er wollte einfach beweisen, was er noch drauf hat – vor allem sich selbst. Ein Triathlon oder Ironman, die schwierigsten Bergrouten, das Gleitschirmfliegen sind für ihn ganz „normale" Herausforderungen, bei denen er Jahr für Jahr neue Maßstäbe setzt. Es ist teilweise ein so automatisierter Ablauf, dass Menschen in seiner Umgebung auf den ersten Blick meist gar nicht erkennen können, dass all dies nur mit einer Hand geschieht – so sehr sind die Abläufe automatisiert.

Harry über Oliver

Natürlich verschieben sich die Prioritäten im Lauf der Zeit und auch die Intensität der Freundschaft. Aber ich trage sehr viele Menschen in meinem Herzen und bin dankbar dafür. Würde ich alle aufzählen, die mir wichtig sind, würde das eindeutig den Rahmen sprengen – aber glaubt mir ... Ihr alle nehmt einen wichtigen Platz in meinen Erinnerungen ein.
Außerdem freut es mich, wenn wir uns gegenseitig zu Höchstleistungen anspornen, oder ich Menschen wie Thomas Leichtfried auf den Weg zum ersten Ironman begleiten kann. Weiter so, Tom!

Harry Harreither und ich haben uns beim Snowboarden gegenseitig gepusht. So konnten wir unsere Performance am Snowboard perfektionieren. Wir waren in unserer Jugend jedes Wochenende auf einer anderen Piste unterwegs. Die Lust auf Geschwindigkeit und auch der Hang zur Waghalsigkeit trieben uns beide an. Immer wird mir unser Aufstieg auf den Mont Blanc in Erinnerung bleiben. Wir hatten zuvor schon den Großglockner bezwungen und dachten wir sind die Größten. Doch das Wetter war an diesem Tag wirklich nicht auf unserer Seite – eisiger Wind blies uns den gesamten Weg um die Ohren. Gegen Ende des Aufstiegs wurde es mit den Kräften ziemlich eng. Doch es genügte nur ein gegenseitiger Blick und uns war klar, dass es kein Zurück geben konnte. Der Lohn war ein unvergesslicher Blick in die Ferne und das Bewusstsein etwas Besonderes geschafft zu haben.

Während einer Tour in den Bergen kommt man natürlich immer ins Plaudern, zum Beispiel auch darüber, „was denn im Leben wirklich wichtig ist". Die Sichtweise von Oliver hat da ganz genau meinen Nerv getroffen. Ich habe aber für diese Einsichten 10 Jahre länger gebraucht und dabei außerdem von einem älteren Mentor profitieren können. Wie sich später nach und nach herausstellen sollte, hatte er nach dem Unfall sein Lebensmodell einmal grundsätzlich hinterfragt und für sich eine sehr klare Vision finden können. Dabei ist ihm sicher seine offene, kontaktfreudige und unkonventionelle Art hilfreich gewesen.
Die Verwirklichung eines Lebensmodells, welches seine wahren Interessen und Fähigkeiten in den Fokus rückt, habe ich staunend und erfreut verfolgt. Wie in seinen Wettkämpfen war auch hier eine schlüssige Strategie, die er ebenso konsequent wie energisch und der nötigen Portion Mut verfolgt, der Schlüssel zum Erfolg.

Franz über Oliver

Aspalter Franz war immer der älteste von uns Jungs – von ihm habe ich mir immens viel abgeschaut. Schon seit jeher plant er immer alles ganz genau. Er ist keiner, der seine Grenzen überschreiten oder dies überhaupt versuchen würde. Er ist ganz abgeklärt und ruhig – ihm kann niemand etwas aufzwingen oder einreden.
Für uns beide stand bei Klettern

Mit Franz am Glockner.

oder Tourengehen jeweils das Naturerlebnis im Vordergrund. Er lehrte mich, dass es oftmals besser ist, zunächst umzudrehen und es später nochmals zu versuchen.

Auch dank ihm bin ich wohl mittlerweile etwas gelassener, und genieße bei all dem Training und damit erforderlichen Entbehrung die kleinen Dinge im Leben. Dazu gehört auch ein Besuch beim Kölblwirt in Johnsbach – mitten im Gesäuse – wo ich oft unterwegs bin. Hier lassen sich die Bergtouren auch mehrere Stunden über gemütlich analysieren. Bei guter Hausmannskost können diese Nachbesprechungen auch schon mal ein wenig länger dauern– vor allem mit meinem Skitouren-Freund Ernst Podner, der mich bezüglich der neuesten Ausrüstungsgegenstände (z.B. bei den Movement Skiern) auf dem Laufenden hält.

Manche Dinge kann man schwer trainieren, kaufen auch nicht. Jene mentale Stärke, die Oliver besitzt, gehört zu diesen Eigenschaften. Ich vertrete die Meinung, dass ein Spitzensportler - neben vielen Merkmalen - eine gewisse Portion an Ignoranz mitbringen muss. Die darf nicht ausarten, aber sie darf sich auf Vorgaben, Grenzen oder Konventionen von außen einschränken lassen. In diesem Metier ist Oliver ein Weltmeister. Er weigert sich auch nach mehrmaligen Versuchen erfolgreich, ihm gewisse Erfahrungswerte aus der Vergangenheit aufzuzwingen, diese als seine zu akzeptieren. Selten macht er dadurch Fehler, oft gewinnt er dadurch an eigener Erfahrung. Und wer, wenn nicht Oliver Dreier ist im reichen Besitz an Erfahrungen, die den meisten Menschen ihr Leben lang verborgen bleiben werden?

Gerhard über Oliver

Denn bei aller Konzentration auf das Wesentliche und hartem Training an sich selbst (sei es mental oder körperlich), sollte man es sich auch mal gut gehen lassen.
Wenn man Hochleistungssport betreibt, dann braucht man auch eine entsprechende Betreuung – speziell in der Vorbereitung, also beim Training. Ich habe hier mit Gerhard Zallinger einen tollen Griff gemacht. Schon beim ersten Kennenlernen war mir klar, hier steht einer, der weiß, wovon er redet. Er war ja selbst erfolgreicher Leichtathlet und hat Sportwissenschaften studiert. Er konnte sich sehr rasch in meine ganz persönliche Situation versetzen, sich in mich hineindenken. Daher ist das Training immer perfekt auf mich abgestimmt. Außerdem schätze ich an ihm seine tolle Auffassungsgabe und seine Fähigkeit, sich unglaublich rasch an alle

veränderten Bedingungen zu gewöhnen. Ganz wichtig: auch beim härtesten Training ist er immer für einen Spaß zu haben, und glaube mir: das habe ich oft sehr nötig. Er hat nie versucht, meine Persönlichkeit zu untergraben, sondern hat sie unterstützt.

Jetzt komme ich zu Patrick, meinem Schwager und zugleich (die übrigen mögen es mir verzeihen) besten Freund. Wo wir uns begegneten, weiß ich gar nicht mehr genau. Vielleicht beim Snowboarden oder bei einem Bier im Weyrer Pub „Adabei". Auf jeden Fall hatten wir rasch einen Draht zu einander und verbrachten viele verlängerte Wo-

Die Nachricht vom Unfall bekam ich dann am Abend. Ach du Scheiße, hoffentlich überlebt er, denn wir hatten noch so vieles vor. Wenn auch vor seinem Unfall die Begeisterung für den Leistungssport noch nicht vorhanden war, es war das Leben zu lieben, in vollen Zügen auszukosten und daran teilzunehmen.
Diese zwei Wochen während des Tiefschlafes, dieses Abwarten wie es ausgeht, war für uns alle eine schreckliche Zeit. Dass die rechte Hand fehlte, wussten wir. Aber wie würde es Oliver aufnehmen? Das Erwachen vom Tiefschlaf, der erste Besuch kurz darauf noch im Aufwachraum. Ok, so schlecht sieht er nicht aus. Gegessen hatte er nicht viel, deshalb „half" ich ihm ein wenig, damit die Schwestern nicht schimpfen würden.
Die waren dafür begeistert von seinem Appetit. Oliver wollte nur raus aus dem Spital und aus dem Bett. Zurück in die Natur, die er so liebt und die ihm Kraft gibt.Als er mir kurz nach der Zeit im Krankenhaus erzählte, er wolle wieder Paragleiten, dachte ich mir: „Jetzt spinnt er total!" Aber mit einem Trapez welches mit den Steuerleinen verbunden war, machte er die ersten Startversuche in Waidhofen/Ybbs am Schnabelberg.
Es waren an diesem Tag nur Startversuche, denn zum Fliegen kam es nicht. Ich weiß nicht, wie oft ich nach Olivers missglückten Startversuchen auf die Fichte kletterte, um den Schirm zu bergen. Jedenfalls ist es nach zig Versuchen finster geworden und zum Fliegen kam es nicht. Ich war fix und fertig vom Baumklettern und er philosophierte beim Bier am Abend bereits darüber, was er verbessern könnte, um am nächsten Tag wieder zu starten. Er gab einfach nie auf. Er schafft es mit viel Geschicklichkeit mit einer Hand Dinge zu verrichten, die ein anderer mit beiden nicht schafft. Es ist sein Ehrgeiz außergewöhnliche Sachen zu erleben, welcher Ihn zu Erfolgen führt. Wir haben in den vergangenen Jahren viele schöne Momente erlebt und werden es auch noch in Zukunft so machen.
Ich bin stolz auf Dichund freue mich, dass Du Dir mein Schwesterchen geschnappt hast. So habe ich Schwager und besten Freund in einem!

Patrick

chenenden im Sommer auf Gletschern (Zillertal oder Kitzsteinhorn), um uns für die Wintersaison zu rüsten. Unser Ziel war es einzig und allein, die Konkurrenz beim Boarden hinter uns zu lassen – und das gelang uns auch! So nahmen wir Übernachtungen im Auto und das Waschen im eiskalten Bach in Kauf – denn das Geld war knapp und wurde gespart für die Belohnung nach einem harten, aber spaßigen Trainingstag: unsere Lieblingsgetränke ... Buttermilch und Bier. Wir nutzten damals alle Möglichkeiten, um Geld zu sparen. So ging es nach dem Training ab ins Hallenbad zum Duschen. Mit den dortigen Trocknern bekamen wir auch unsere nasse, verschwitzte Snowboard-kleidung wieder halbwegs in den Griff. Mehr benötigten wir damals nicht. Dann ging es ins Tuxer Pub auf genau ein Bier. Erst nach einiger Zeit konnten wir uns auch mal Zimmer leisten – das war dann natürlich schon weit angenehmer.

Es waren immer kurzfristige Entscheidungen wann und wo wir hinfahren, aber wir hatten ein Ziel. Wir waren jung und frei - hatten zu der Zeit keinerlei Verpflichtungen anderen Menschen gegenüber. Snowboarden und auch Gleitschirmfliegen waren das Wichtigste in unserem Leben.
Es gab über die Jahre unzählige gemeinsame Unternehmungen, aber an eine erinnere ich mich noch sehr genau. Wir saßen am Abend beim Grillen. Es war der zweite oder dritte Geburtstag von Corinna. Plötzlich kam uns die Idee: am nächsten Tag geht's rauf auf den Großglockner – und zwar mit dem Gleitschirm. Das geschah wohl so gegen 22 Uhr. Daher schnell ins Bett und gegen 4 Uhr früh waren wir schon unterwegs zur Franz Josefs Höhe.
Runter zur Pasterze, und über Eis und Spalten auf die andere Seite. Mist ... falsch gegangen, aber umzudrehen kam nicht in Frage. Wir gingen geradewegs rauf zur Adlersruhe. Leider hatten wir damals weder Leichtschirm noch Leichtgurtzeug und so sparten wir beim Gewicht an Wasser. Am Gipfel angekommen, wollten wir beide nur rasch wieder ins Tal, denn wir hatten Kopfschmerzen und bereits einen Riesendurst. Dank Rückenwind starteten wir rasch Richtung Pasterze runter zur Franz Josefs Höhe. Auf der Lawinenverbauung in der Nähe unseres Fahrzeuges landeten wir sanft und wohlbehalten. Am Abend waren wir wieder zu Hause in Weyer. Es sind diese spontanen Ausflüge, die unser beider Leben bereichern. Kurz-

fristige Abenteuer, die wir problemlos eingehen können, weil wir einander blind vertrauen.

FRAGEN ÜBER FRAGEN

Nach diesen ersten Kapiteln ist Dir schon sicherlich klar, welch großen Stellenwert der Sport in meinem Leben hat. Auf dem Weg zum Profi-Parasportler habe ich unglaublich viel Mitgefühl von allen möglichen Seiten erfahren – zum Glück Mitgefühl ... und kein Mitleid. Das hätte mir auch nichts gebracht. Immer wieder hat man mit mir das Gespräch gesucht und anhand der Fragen, die mir gestellt wurden, ist mir klar geworden, dass ich Menschen in vielen Bereichen ihres Lebens helfen kann. Auf den kommenden Seiten habe ich daher einige dieser Fragen zusammengefasst. Ich bin mir sicher, dass Du zumindest einige Antworten darauf, auch auf Situationen in Deinem Leben ummünzen kannst. Egal ob Du Schüler, Hausfrau, Bankdirektor, gehandicapt oder „normal" (wer ist das schon?) bist.

Am Dachstein unterwegs.

Du wirst sicher nicht immer einer Meinung mit mir sein – oder finden, dass ich die Frage nicht ausreichend beantwortet habe. Aber wenn ich darüber einmal zum Nachdenken gebracht habe, dann empfinde ich das schon als kleinen Erfolg – genau das wollte ich damit erreichen. Ich werde mich zwar an sportlichen Beispielen orientieren (gerade Ironman/Triathlon eignen sich hier bestens) – aber diese kann man problemlos auf das tägliche Leben umlegen.

Wie erreicht man Zufriedenheit im Leben?
Ich weiß aber nicht, ob es die totale Zufriedenheit im Leben überhaupt gibt. Wann hat man schon alles erlebt, alles erreicht oder alles probiert? Es wird immer jemanden geben, der mehr Geld am Konto hat, schneller laufen kann oder – zumindest nach außen – glücklicher erscheint.

Zufriedenheit, bedeutet für mich einerseits Faulheit, andererseits auch

Ruhe … sowie die Bestätigung für Erreichtes. Zufriedenheit ist oft auch nur Glück, das aber nur von einer bestimmten Dauer ist. Das Wörtchen Erfolg, hat sich gerade in der heutigen Zeit in unserem Hirn eingebrannt. Erfolgreich ist aber meist nur, wer eine gute Planung, eine gute Strategie, sowie Glück hat und sich auch entsprechend anstrengt. Erfolg ist dauerhaft, ausbaufähig und gibt Energie für weitere Schritte. Man sollte jeden Tag genießen und glücklich sein. Je mehr man erlebt, desto mehr positive Erinnerungen kann man auch sammeln.

Für den einen ist Genuss ein Sonnenbad am Strand … ganz entspannt. Dafür muss man sich nicht anstrengen. Für den anderen ist es ein Genuss, den höchsten Gipfel zu erklimmen – und dafür muss man schon einiges geben. Andererseits muss der am Strand auch dafür gespart und gearbeitet haben – also steckt auch hier eine gewisse Anstrengung dahinter. Am Wichtigsten ist es heutzutage Neid und Missgunst auszuschalten. Konzentrieren wir uns auf uns selbst – vergönnen wir auch anderen Menschen ihr Glück. Nur auf diese Weise können wir das unsrige auch wirklich genießen. Zufriedenheit und Glück können also auf viele verschiedene Arten erreicht werden.

Wie bringt man den Willen auf, scheinbar Unmögliches zu schaffen?
Der Wille ist die Fähigkeit eines Menschen, sich bewusst für ein bestimmtes Verhalten zu entscheiden. Die psychische Energie – die Willenskraft – unterscheidet sich durch ihre Bewusstheit und Zielgerichtetheit vom Drang und Trieb. Die Abgrenzung zur Motivation ist da schon schwieriger. Bei der Realisierung von Vorhaben kommt dem Willen dann eine besondere Bedeutung zu, wenn die Motivation schwindet oder ohnehin von Haus aus eher gering ist. Ich denke mir, man kann Willen und Motivation als die beiden unterschiedlichen Seiten einer Medaille oder eine Münze sehen.
Mir wurde bislang immer gesagt, mein „eisener" Wille sei auch nach außen hin zu spüren. Dazu gehört – gerade bei Extremsportarten oder Sportarten, die sehr viel Training benötigen – auch eine gewisse Portion Egoismus … und das kommt natürlich nicht immer positiv rüber. Auch wenn der Weg zum Ziel am Anfang vielleicht nicht deutlich sichtbar ist,

der Glaube daran, Unmögliches zu schaffen, versetzt ja bekanntlich Berge. Jeder Mensch hat irgendwo ein positives Erlebnis, von dem er anderen gerne erzählt. Zerlege dieses – überlege Dir, in welchen Schritten Du das gewünschte Resultat erreicht hast. Auf diese Weise gibst Du Dir auch das Selbstvertrauen, eine weitere Hürde zu schaffen bzw. das nächste Ziel zu erreichen. Der Mensch ist zu Unglaublichem möglich, wenn er nur selbst dran glaubt.

Was wünschst Du Dir für die Zukunft?
Gerade für mich, der ja dem Tod von der Schippe gesprungen ist und auch lange Zeit mit (wenngleich wirklich tollen) Ärzten zu tun hatte, ist die Gesundheit für mich, meine Familie und Freunde am Wichtigsten. Das Leben ohne Schmerzen zu meistern, ist wohl das größte Glück auf Erden. Wünsche sind aber letztlich auch die Triebfeder dafür, etwas zu erreichen – sie sind die Vorläufer von den Zielen, die man später konkretisiert.

In dieser Aufzählung fehlt aber noch etwas, das man sich nicht kaufen kann: Zeit. Zeit zu haben für die liebsten Menschen in seinem Leben – und ich kann Dir eines verraten: man hat die Zeit (auch in unserer schnelllebigen Gesellschaft) … man muss sie sich nur nehmen! Ich weiß, das schreibt sich leicht. Aber vielfach sind wir (und da nehme ich mich nicht aus!) oft einfach zu bequem, einfach mal einen Freund anzurufen, den wir lange nicht gesehen haben – oder sich spontan von der Couch aufzumachen und jemanden zu besuchen.

Bereust Du etwas im Leben?
Hier gibt es ein ganz klares Nein. Ich habe durchwegs das geschafft, was ich mir vorgenommen habe. Rückblickend aber natürlich vielleicht nicht immer auf eine Art und Weise, die optimal war für meine Mit-menschen. Doch ich kann das nicht mehr rückgängig machen – ich kann nur versuchen, es beim nächsten Mal besser zu machen. Nicht um einen Euro würde ich die Zeit zurückdrehen oder mir einen funktionierenden Arm kaufen … denn dann müsste ich mein Leben wieder völlig umstellen.

Wenn ich auch Fehler gemacht habe, aber daraus lerne … dann sollte ich sie nicht bereuen. Denn diese Fehler sind menschlich, sie gehören zu mir und sie haben mir dabei geholfen, der zu werden, der ich heute bin. Nicht Selbstzweifel sollten unser Leben bestimmen, sondern Fortschritt und Verbesserung – die Arbeit an uns selbst. Sei es um fitter zu werden, unseren Charakter zu stärken oder Eigenschaften, mit denen wir nicht so glücklich sind, abzulegen. Stehen wir doch alle zu unseren Fehlern, nur wenn wir sie uns bewusst machen, können wir sie künftig auch verhindern.

Warum hast du nur eine Hand?

Vor allem Kinder stellen diese Frage und sie ist oft schwierig zu beantworten, da sie mit dem Wort Unfall nicht viel anfangen können, aber ich bleibe letztlich bei der Wahrheit und versuche es (möglichst schonend) zu erklären. Spaßeshalber habe ich am Lunzer See einer Schülergruppe mal erzählt, ein Hai hätte mir den Arm gerade abgebissen. Plötzlich war von den Zwergen nichts mehr zu sehen. Die Kindergartenpädagogin strafte mich dafür mit ihren Blicken, bevor sie die Kinder wieder einfing.

Von den Kleinen kommen in der Folge auch sehr praktische Fragen, beispielsweise nach dem Binden der Schuhbänder. Ich habe es schon geschafft, aber es dauert seine Zeit. Daher hab ich durchwegs Gummischuhbänder, dank derer ich ganz einfach mit dem Schuhlöffel in den Schuh hineinschlupfen kann.

Wie kann man Triathlon nur mit einer Hand betreiben?

Für das Laufen benötige ich ohnehin nur meine Beine. Beim Schwimmen bin ich mittlerweile so geübt, dass es von außerhalb des Beckens gar nicht ersichtlich ist, dass ich mit einem Arm unterwegs bin – auch hier helfen natürlich die Beine. Hier hat mir auch Christoph Schöpf sehr geholfen, sonst hätte ich das (zunächst lästige) Schwimmtraining vielleicht zu sehr vernachlässigt. Aber gerade in dieser Disziplin habe ich noch viel Luft nach oben. Das Radfahren ist hingegen eine Gleichgewichtsübung. Ich habe ja schon beschrieben, dass mir zu Beginn vor allem das Fahren bergab gehörigen Respekt eingejagt hat – das war natürlich ungewohnt. Die Schaltung ist eine Spezialkonstruktion, aber letztlich wird sie genauso bedient, wie von jedem anderen Radfahrer mit zwei Armen.

Was sind Deine nächsten Ziele?
Als Athlet gehe ich jedes Jahr zumindest bei einem Großevent (Weltmeisterschaft, Europameisterschaft, Weltcup) an den Start. Einerseits ist das Reisen faszinierend und auch meine Familie ist hier oft mit an Bord. Im Schnitt absolviere ich zusätzlich zu meinem „normalen“ Programm noch 5 Rennen pro Jahr – und zwar für den guten Zweck. Hierfür suche und freue ich mich jedes Mal über zahlreichen Sponsorenanfragen. So konnte ich für „Wings for life“, eine Stiftung für die Rückenmarksforschung, schon zehntausende Euro sammeln.

Natürlich will man die Rennen gewinnen, vor allem wenn man sich in der Weltspitze etabliert hat. Für sich selbst, aber auch für sein Land. Ich bin stolz, für Österreich an den Start zu gehen. Als Familienvater ist es (gemeinsam mit Annette) mein Ziel, unseren Kindern die bestmögliche Ausbildung mit auf den Weg zu geben und ihnen Werte wie Mitgefühl und Menschlichkeit zu vermitteln.

Wie bedienst Du Deine Stoppuhr?
Es ist anstrengend aber auch logisch, dass sich die Geräte immer weiter entwickeln. Ich benutze beim Sport eine Uhr mit „Touch“-Funktion und kann in diesem Fall mit Berührung durch die Nasenspitze Menüs abrufen.

Bist Du auf fremde Hilfe angewiesen?
Hier die Gegenfrage: sind wir das nicht alle? Grundsätzlich kann ich mein Leben alleine bewältigen, aber natürlich ist es oft einfacher, wenn einem jemand zum Bespiel beim Anziehen des Neoprenanzugs hilft … nicht, dass ich es nicht auch alleine schaffe, aber es geht einfach schneller. So wie jeder Mensch habe auch ich meine Grenzen … die kann ich entweder versuchen, selbst zu überwinden, oder ich bitte um Hilfe. Dafür sollte man sich nie zu schade sein.

Beim Autofahren ist das aufgrund von Automatik-Schaltungen ohnehin kein Problem. Beim Essen beispielsweise organisiere ich mir einfach immer ein sehr gut schneidendes Messer. Mit einer kleinen, seitlichen Bewegung – die ich mir recht schnell angeeignet hatte – kann ich Fleischstücke problemlos zerteilen. Mit der Zeit lernt man aber alle Tricks, um zum Beispiel auch eine Motorsäge zu bedienen, Schnee zu schaufeln oder mit dem Traktor zu fahren. Zu Beginn war für einen Rechtshänder wie mich die Umstellung auf links gewöhnungsbedürftigt – aber wenn Du keine andere Möglichkeit hast, wirst Du sehr rasch erfinderisch.

Jeder Mensch hat seine Vorgaben, setzt sich Ziele und verspürt dieses Hochgefühl, wenn es geschafft ist.
Wir Para-Sportler haben es sicherlich schwerer Sponsoren zu finden, um unseren Sport entsprechend ausüben zu können. Der Unterschied ist, dass beispielsweise mein Sport nicht vom Wettbewerb lebt, sondern vom Miteinander.
Wir haben unser Schicksal angenommen und das Beste draus gemacht – viele von uns könnten sich ein Leben ohne die Behinderung ja gar nicht mehr vorstellen … und das ist auch gut so. Wir können es doch ohnehin nicht ändern – und verspüren genauso viel Freude oder Schmerz wie jeder andere Mensch.
Am Schönsten ist es, einfach akzeptiert zu werden – sich auszutauschen und das Leben zu genießen … und dazu gehört für mich, wie auch für Oliver, der Sport. Die frische Bergluft, der kalte Stein unter meinen Händen und Füßen und der Wind am Gipfel … das ist für jeden Kletterer, egal ob blind oder nicht, dasselbe Gefühl … einzigartig.

Wir Behindertensportler, die aufgrund unserer sportlichen Möglichkeiten etwas mehr im Rampenlicht stehen, haben hier das Privileg und auch die Verpflichtung andere zu motivieren und ihnen zu helfen, sich möglichen Hindernissen zu stellen. Das gelingt uns in Österreich durchwegs sehr gut. Daher auch Dir, Oliver, für alle künftigen Unternehmungen – toi, toi, toi.

Andy Holzer (Blind Climber)

WAS TREIBT MICH AN?

Motivation ist eine milde Form der Besessenheit. Wie hoch sie in der jeweiligen Situation ist, hängt von vielen verschiedenen Faktoren ab.

Wichtig ist es, im richtigen Moment die richtigen Worte zu finden. Oft will ich eine Sache durchsetzen, doch bekomme ich nicht die entsprechende Unterstützung … ganz einfach, weil meine Beweggründe sich mit jener der anderen nicht decken. Also kann man es mit anderen Begriffen nochmal versuchen. Unumgänglich ist es dabei, sich in die Lage anderer Menschen versetzen zu können, da die Ausgangsposition in der Regel immer unterschiedlich ist.

Unter Motivation versteht man alles, was unser Handeln in einer gegebenen Situation bestimmt, also die Beweggründe des Handelns. Die Wirkung der Motivation und des Willens beschränken sich aber nicht nur auf äußere Handlungen. Auch psychische Vorgänge beeinflussen den gesamten Energieablauf.

Warum will ich eine bestimmte Leistung erbringen? Tue ich es aus Spaß an der Bewegung? Aus Freude am Leistungsgedanken? Verspreche ich mir davon einen Vorteil - z.B. eine bessere Reihung in der Rangliste oder einen kleinen Bonus in der Chefetage?
Beim Training oder auch in der Arbeit sollte man sich realistische Ziele setzen. Wer sich unrealistische Ziele setzt, erlebt zu häufig Frustrationen – aber dazu später. Wiederholte Frustrationen führen wiederum zu Motivationsproblemen. Auf der anderen Seite ist es völlig normal, dass es bei Formtiefs und Problemen zu Motivationseinbußen kommt. Viele Komponenten der Motivation werden in unsere Erziehung gelegt. Die Fähigkeiten, sich zu quälen, nach Niederlagen immer wieder aufzustehen, oder die Zähigkeit, ein Ziel zu verfolgen … all das sind ganz wichtige Teilfaktoren des Erfolges. Daher ist die Kreativität, mit welcher der Trainingsplan oder eine Aufgabenliste gestaltet wird, sehr wichtig. Durch die entsprechende Abwechslung vermeiden wir Eintönigkeit und unterdrücken Motivationsprobleme bereits im Keim.

Eine zentrale Bedeutung kommt außerdem der Entwicklung von Selbstmotivationsstrategien zu. Mit ihrer Hilfe gelingt es mir, Stärken gezielt abzurufen und sie im geeigneten Moment einzusetzen. Eine Selbstmoti-

Mit dem Skywalk Gleitschirm geht es sicher nach oben!

vationsstrategie entwickelt sich aus der persönlichen Geschichte und hat neben verbalen immer auch eine visuelle, emotionale und motorische Komponente. Zum Schluss darf auch ein Trainer, Mentor oder schlicht eine Vertrauensperson nicht vergessen werden. Dieser Mensch unterstützt mich bei diesen Strategien und Prozessen. Wenn man z.B. im Winter täglich eine Schitour geht, ist die Kondition kein Thema. Irgendwann stellt man sich aber die Frage: „Warum?" An diesem Punkt hört man entweder auf, oder man kann sich für etwas motivieren.

In einer Gruppe ist dies im Normalfall immer leichter. Alleine ist das schon deutlich schwieriger. Wer einmal ein Ziel aufgibt, hat es künftig schwerer sich für etwas neu zu motivieren. Daher habe ich das „Aufgeben" aus meinem Wortschatz gestrichen. Wenn ich mir etwas vornehme, setze ich alles daran, dies auch zu verwirklichen. Man kann einen vorgegebenen Plan natürlich immer ändern, da sich oftmals kurzfristig bessere Lösungen ergeben.

Ich weiß, dass ich selbst sehr leicht zu begeistern bin, deshalb denke ich nicht so lange an ein Wenn und Aber. Ich versuche aber immer Theorie und Praxis zu vereinen – durch diese Kombination kommt man immer am Schnellsten voran. Je positiver die innere Einstellung zu einem Vorhaben ist, desto weniger Motivation ist vonnöten.

Ein spanisches Sprichwort lautet: „Der Mensch, der zu beschäftigt ist, sich um seine Gesundheit zu kümmern, ist wie ein Handwerker, der keine Zeit hat, seine Werkzeuge zu pflegen." Unser Handwerkszeug ist unser Körper – und der Geist gedeiht in einem gesunden Körper eben besser. Nach einem anstrengenden Arbeitstag ist es schwierig, sich zum Lauftraining aufzuraffen oder an der frischen Luft zu trainieren. Körperliche Fitness verhilft aber nicht nur zu einem besseren körperlichen Wohlbefinden, sondern wirkt sich zusätzlich positiv auf unsere Ausstrahlung aus. Wer sportlich an die eigenen Grenzen geht, erarbeitet sich dabei auch Durchhaltevermögen und Energie für den Job.

Ein wichtiger Faktor für die dauerhafte Motivation zum Training ist die Wahl der geeigneten Sportart. Wer regelmäßig Sport betreibt, der wird es auch nicht mehr so schwer haben, die richtige Motivation für das Training zu finden. Es muss dem „inneren Schweinehund" zunächst überhaupt einmal den Kampf angesagt werden, bevor man ihn überwinden kann.

Mein Tipp:
Hat man ein Ziel vor Augen, dann beginnt man sofort mit der Umsetzung – nicht erst morgen, übermorgen oder nächste Woche.
Auf den Sport umgelegt rate ich zu fixen Trainingszeiten, um die Regelmäßigkeit zu fördern. Mit Trainingspartnern ist es schwieriger, Ausreden zu finden! Außerdem motiviert gemeinsames Training - der Ehrgeiz zum Durchhalten und zur Umfangsteigerung wird angespornt. Im Training sollte sich der Sportler in einem Zustand befinden, in welchem es ihm ge-

lingt, seine Fähigkeiten optimal zu nutzen. Man erlebt dabei die „Leichtigkeit des Handelns". Dies ist die Zone idealer Leistungsfähigkeit – im Gegensatz zu den Zonen zu hoher und zu niedriger Motivation.

In der Übermotivationszone befindet sich ein Sportler immer dann, wenn er „zu viel" erreichen will. Er gibt sein Bestes, will 150%ige Leistung bringen und erreicht dabei genau das Gegenteil (der Muskeltonus ist hier sehr hoch). Die Untermotivationszone ist durch einen geringen Erregungsgrad gekennzeichnet (hier ist der Muskeltonus eher gering). Es wird zu wenig Energie eingesetzt, dadurch bleiben die Aktionen weitgehend wirkungslos. In wenigen Fällen befindet man sich ausschließlich in einer der beschriebenen Zonen. Vielmehr wird immer wieder hin und her gewechselt. Situationen, in denen die Motivation im Vordergrund steht, sind meist durch starke Emotionen bestimmt und bleiben daher auch lange im Gedächtnis.

Für mich steht eins fest – und das ist nun wirklich keine große Offenbarung – man sollte generell immer für alles offen sein, sich dem Leben und den Möglichkeiten, die es bietet, nicht verschließen. Wie beim Ironman, der ja für viele zu Beginn ein fast unüberwindbares Hindernis darstellt – obwohl die Einstiegshürden für Anfänger sehr gering sind. Schwimmen und Radfahren lernen die meisten schon im Kindergartenalter – übers Laufen brauchen wir hier gar nicht erst zu reden. Auch die ersten Anschaffungen müssen nicht automatisch die teuersten sein, auch wenn man bei Laufschuhen nicht sparen sollte. Aber es ist hier nicht nötig komplexe Bewegungsformen extra zu erlernen, wie etwa beim Turnen.

Kleine Schritte genügen am Anfang - hier mit Jakob in Weyer.

Der Wettkampf selbst stellt aber durchaus heftige Herausforderung an die Dauerleistungsfähigkeit dar – und das verlangt ein gewisses Maß an Fitness und Vorbereitung. Die Motive der Sportler, die sich an den Sport heranwagen wollen, können sehr verschieden sein. Vor allem jene, die bereits in einer der Einzeldisziplinen – meist Radfahren oder Laufen – erste Trainings- und Wettkampferfahrungen gesammelt haben, sehen im Triathlon eine neue sportliche Herausforderung. Daneben gibt es Athleten, die ohne Vorbereitung an einem kleinen Triathlon in der Region teilgenommen haben und die neue Leidenschaft nun etwas intensiver und systematischer angehen möchten. Bisherige Sportmuffel gehen in der Regel nicht nach der Zeit, sondern wollen den Triathlon einfach nur zur Gänze absolvieren. Trotz der unterschiedlichen sportlichen Hintergründe stehen alle potentiellen Neu-Triathleten vor der Frage, wie sie das erste Jahr in der noch unbekannten Sportart optimal planen und bestreiten können. Natürlich sollte gerade bei Einsteigern der Spaß im Vordergrund stehen. Ein Training nach Lust und Laune – ohne zu starken Druck – ist für den Anfang sicherlich am besten geeignet. Bei knapp bemessenem Freizeitbudget oder großer Unsicherheit, welche Trainingsinhalte überhaupt berücksichtigt werden sollten, hilft eine systematische Wettkampf- und Trainingsplanung dabei, Überlastungen oder zeitraubende und ineffiziente Übungsformen zu vermeiden.

Klar ist: jeder Mensch hat andere Motive, aus denen er eine Sportart ausübt. Motive können sich aber natürlich auch überlagern. Manchmal passen wir die Sportart auch unseren Motiven an und verändern sie entsprechend unseren Möglichkeiten. Auch kein Problem –Hauptsache man geht vor die Tür, setzt sich Ziele und stellt sich dem Leben.

Das Denken, das Handeln und die Gefühle haben ihren Ursprung im Gehirn. Deshalb setzen wir in den individuellen Mentaltrainings, Seminaren und Coachings genau hier an - bei den mentalen Bedürfnissen des Menschen.

WIE KOMME ICH AN MEIN ZIEL?

Egal ob im Beruf, im Sport oder im privaten Bereich – Ziele spielen für uns Tag für Tag eine entscheidende Rolle. Wir alle setzen uns Ziele: im Frühling möchte man dann noch schnell ein paar Kilos loswerden, im nächsten Quartal will man dem Chef bessere Zahlen vorlegen oder ich möchte eine bestimmte Strecke in einer gewissen Zeit laufen. Aber wie setzen wir diese Vorsätze in die Tat um?

Beginnen wir damit, Ziele konkret festzulegen. Wenn man ein bestimmtes Ergebnis erreichen will, sind konkrete, realistische und klar formulierte Ziele unumgänglich. Je genauer wir ein Ziel beschreiben, desto größer ist die Chance, erfolgreich zu sein.

Bei der Erreichung der Ziele haben wir einen Verbündeten: unser Unterbewusstsein! Ich rate dazu, die Ziele aufzuschreiben und sie sich immer wieder bewusst zu machen, einfach durchzulesen – das genügt zwar noch bei Weitem nicht, aber das Unterbewusstsein wird langfristig dabei helfen, die Ziele zu erreichen. Man nimmt etwa hilfreiche Informationen bewusster wahr.

Mountain Attack geschafft
mit Paul Guschlbauer glücklich und stolz!

Dabei macht es auch Sinn, Ziele in Zwischenziele zu unterteilen. Man geht nicht einfach auf die Laufstrecke und absolviert einen Marathon. Zunächst will man 5 Kilometer schaffen, dann 10, dann 20 … bis man dann so weit ist, die gesamte Strecke zu absolvieren.
Auch beim Ironman habe ich zu Beginn diese insgesamt unglaubliche Strecke in mehrere Teile geteilt. Nicht jeder kann das, nicht immer gelingt es selbst mir. Aber psychologisch sind kleine Schritte der Weg zum Erfolg.

Die Art der Ziele ist vielfältig: einfach, schwierig, kurzfristig, langfristig, spontan gesetzt, schon seit ewigen Zeiten geplant. Es gibt auch Ziele die zufällig entstehen, man nehme nur die Familienplanung her. Im Beruf oder im Sport lohnt es sich natürlich, systematisch vorzugehen – aber auch das ist von Mensch zu Mensch unterschiedlich. Letztlich sollte jeder für sich selbst die Möglichkeit finden, das Ziel so zu erreichen, wie er es für richtig hält. Denn wenn man gezwungen wird, Ziele auf eine alternative, für sich selbst unangenehme oder unangebrachte Weise zu erreichen, dann sinkt die Motivation ... und das Ergebnis wird zwar erreicht, aber vielleicht nicht so optimal wie möglich oder nur hauchdünn.
Gerade im Sport geht es um das Erreichen von Zielen. Man soll mehr Tore erzielen als der Gegner, will schneller laufen, möchte den Gegner niederringen oder das Ziel ist einfach der Kampf gegen sich selbst und das Aufstellen einer neuen Bestzeit. Wer möchte nicht am Siegespodest stehen, die Hymne hören oder entsprechend beklatscht werden? Vor allem im Ausdauerbereich muss man dabei auch entsprechend planen. Es wird ein – über Monate laufender – Trainingsplan erstellt, um noch einige Sekunden herauszuholen.

Im privaten Bereich können mir Zielsetzungen dabei helfen, den Tag besser zu planen; mir bei beruflichem Stress Platz für Familie und Freunde zu schaffen – oder auch für mich selbst. Denn Ruhephasen werden gerade in unserer heutigen, schnelllebigen Zeit zu oft außer Acht gelassen.

Die große Frage ist immer WIE das Ziel erreicht werden soll. Dabei helfen uns die so genannten Prozess- oder Handlungsziele. Sie legen den Weg zum Ziel und die Qualität der Handlung fest. Beim Triathlon wären das beispielsweise die Beckenstabilität beim Kraulen oder die korrekte Handführung beim Schwimmen generell.

Mit Handlungszielen legen wir den Fokus auf die hier und jetzt geforderte Aufgabe – sie unterstützen uns bei der Konzentration auf den Moment.

Studien haben bewiesen: zwei von drei Sportler sind in der Phase der Höchstleistung im Hier und Jetzt. 85% der Sportler, die schlecht abschnitten, habe nur an das Endergebnis gedacht. Diesen Fehler habe auch ich lange Zeit bei den Triathlon Weltmeisterschaften gemacht. Schon im Vorfeld wusste ich bestens über meine Konkurrenz Bescheid, aber letztlich brachte mir das alles nichts. Erst als ich mich 2015 ganz auf mich selbst konzentrierte, meine Schwächen verbesserte und auf meine Stärken setzte, war ich siegreich. Aber mehr dazu später.

Allerdings steht auch fest: wenn das „warum" nicht klar ist, dann sind die Fragen nach dem „was" und „wie" völlig egal. Das Endziel muss schon klar definiert sein – aber der Weg dorthin wird durch viele kleine Zwischenziele bestimmt – zumindest ist es so einfacher, das große Ganze zu erreichen. Unumgänglich ist es, Ziele jeglicher Art entsprechend zu definieren. Nur zu sagen „Ich will schlanker sein" oder „Ich möchte mein Arbeitspensum erhöhen" genügt nicht. Das wäre so, als würde man sagen „Ich möchte dort Urlaub machen, wo es wärmer ist" und dann fährt man 30 Kilometer weiter südlich, wo die Quecksilbersäule gerade einmal ein Grad mehr anzeigt. Daher kann ich nur jedem raten sich wirklich festzulegen: „Ich will 10 Kilo abnehmen" oder „Ich möchte in der Woche 8 Berichte schaffen". Wenn dieses Ziel erreicht ist, setzt man sich ganz einfach wieder neue. Aber mit dieser „Politik der kleinen Schritte" bleibt man optimistisch, da die Ziele leichter zu erreichen sind!

Teambuilding stärkt den Zusammenhalt im Unternehmen.

Daher immer beachten:

1. Ziele bitte exakt definieren!
2. Ziele messbar machen!
3. Ziele akzeptabel gestalten!
4. Ziele bedürfen auch einer zeitlichen Vorgabe!
5. Ziele sollen immer realistisch und auch ausführbar sein!

Zielsetzung am Beispiel Marathon:

1. Ich möchte den Vienna City Marathon schaffen!
2. Ich möchte den Vienna City Marathon unter 5 Stunden schaffen!
3. Bin ich auch bereit mich dafür entsprechend zu quälen?
4. Ich möchte den Vienna City Marathon im nächsten Jahr unter fünf Stunden schaffen!
5. Habe ich auch genügend Zeit zum Training? Wie steht es denn aktuell um meine Fitness? Sollte ich vielleicht zunächst mit dem Halb-Marathon beginnen und die ganzen 42 Kilometer erst im Jahr darauf wagen?

Nichts ist als Sportler befriedigender als der Sieg – sei es über den Gegner, oder über sich selbst. Das Schaffen von Unmöglichem, das Erreichen eines lang gesetzten Ziels. Umso schlimmer ist es, wenn man aufgrund von Verletzungen aussetzen muss. Es nimmt einem die Möglichkeit, dieses Hochgefühl zu erleben. Aber am schwersten wiegt der Druck auf sich selbst. Wann komme ich wieder zurück? Werde ich genauso stark sein wie zuvor? Schaffe ich es auf physischer Ebene?

Die Abläufe im Spitzensport sind haargenau einstudiert – wenn man hier das Vertrauen in den eigenen Körper nicht zu 100% hat, dann kann man nicht alles aus sich rausholen. Man erlebt gerade während solcher Verletzungspausen ungewohnte Zweifel. Hier helfen schon kleinste Reha-Erfolge, um sich eine positive Grundstimmung zurück zu holen.

Ohne sich selbst positiv zu pushen und auch im Umfeld den nötigen Rückhalt zu haben, droht man in ein sehr tiefes Loch zu fallen. Daher ist es für mich umso bewundernswerter, wie Para-Sportler ihre Schicksals-schläge wegstecken und mit Höchstleistungen überzeugen.

Jürgen Melzer, Tennisprofi

Wenn Du Dir das alles positiv beantwortest und Dir die Ziele genau festlegst, dann wirst Du es auch schaffen. Nur wenn Dir selbst genau klar ist, wohin Dich Dein Weg führen soll, bist Du auch motiviert. Und je konsequenter Du Dich am Anfang möglichen Entbehrungen stellst, umso leichter wird Dir der Weg auf Dauer fallen – umso kleiner wird die Wahrscheinlichkeit, dass es Dir mit der Zeit zu mühsam wird, Dich zu quälen. Ganz einfach, weil Du bis jetzt ja schon Erfolg hattest. Und die Freude über den Erfolg … der Spaß, den man beim Erreichen von Zielen hat … einfach unbezahlbar!

DAS WUNDER KÖRPER

Von der Natur aus ist der Mensch ein tagaktives Lebewesen. Seine Körperfunktionen sind am Tag auf Aktivität und in der Nacht auf Erholung programmiert. Jemand, der in Wechsel- oder Nachtschichten arbeitet, muss entgegen der „inneren Uhr" aktiv sein. Die Anpassung der biologische Körperrhythmen (z.B. Schlaf-Wach-Rhythmus oder Verdauung) gelingt selbst bei vielen Nachtschichten nur teilweise und stellt für den Organismus oft eine immense Belastung dar.

Ich lebe in meinem ganz eigenen Rhythmus. Zunächst arbeite ich drei Monate lang 40 Stunden pro Woche, dabei dürfen Familie und Sport aber nicht zu kurz kommen. Allerdings leidet in dieser Zeit die Regeneration von Körper und Geist. Jedoch kann ich das in den drei Folgemonaten wieder ausgleichen. Auch ein Professionelles Training ist dann möglich. Hier liegt auch der Unterschied zum Hobbysport.

Warum schnüren Millionen von Menschen in der Welt tagtäglich ihre Sportschuhe und laufen? Die einfachste Antwort liegt auf der Hand: weil es glücklich macht. Doch was genau löst dieses Wohlbefinden, die Entspannung oder sogar Euphorie aus? Seit mehr als 40 Jahren werden die Endorphine für die Glücksgefühle beim Sport verantwortlich gemacht - und das, obwohl diese Theorie schon seit Jahrzehnten umstritten ist. Das Glücksgefühl entsteht im Gehirn, nicht im Körper.

Viele Läufer berichten von einem „Flow"-Moment, oft auch als „Runner's High" bezeichnet. Ein rauschähnlicher Zustand, in dem alles fließt und man quasi von allein läuft. Wer öfter mal länger läuft, wird dieses Phänomen sicherlich kennen: so werden Probleme nach einem längeren Lauf plötzlich nicht mehr ganz so negativ wahrgenommen wie zuvor, obwohl sich objektiv an der Situation nichts geändert hat. Ebenso sprudelt man vor Ideen nur so über.

Zu diesem „Rausch von innen" kommt noch die „Erholung durch Rhythmus". Die gleichbleibenden, rhythmischen Bewegungen haben anscheinend einen positiven Effekt auf die Psyche. Auch in der Traumatherapie macht man sich dieses Phänomen zunutze.

Gerade im Sport sorgen festgelegte Bewegungsabläufe für eine bessere Fokussierung. Der Anlaufrhythmus bei Leichtathletikbewerben oder ein gewisses Prozedere vor dem Schießen von Freistößen oder Elfmetern bei Fußballern ....beides erhöht die Sicherheit, die gewünschte Leistung zu bringen. Wir sehen hier wunderbar das Zusammenspiel zwischen Geist und Körper. Schon zuvor gehen die Sportler im Kopf den Bewegungsablauf immer und immer wieder durch. Wir alle kennen die Bilder von Skifahrern, die sich am Start den Kurs einprägen.

Dieses Zusammenspiel von Nerven und Muskeln, von Anspannung und Entspannung ist einfach nur beeindruckend. Allerdings benötigt und fordert der Körper auch seine Ruhepausen. Die Regeneration wird vor allem von Hobbysportler oft vernachlässigt und man mutet sich sehr schnell und vor allem sehr häufig zu viel zu.

Die biologischen Regenerationsprozesse sind sehr komplex. Die Trainingsbelastung führt zu Schäden in den Mikrostrukturen der Muskulatur. Je nach Art des Trainings können diese Strukturschäden mehr oder weniger ausgeprägt sein. Der Organismus beginnt sofort mit der Reparatur dieser ermüdungsbedingten Muskelrisse. Eine weitere Folge der Beanspruchung durch Training ist die Entleerung der Energiespeicher.
Das Wiederauffüllen der Glykogenspeicher in Muskeln und Leber ist ein zentraler Vorgang der Regeneration. Ebenso werden die neuronalen Steuerungsfunktionen verbessert und die energiebereitstellenden Systeme optimiert.

So beginnen die unterschiedlichen Funktionsbereiche der Körpersysteme direkt damit, die Leistungsfähigkeit zu steigern. Nach dem Training ist vor dem Training! Nach dem Training geht es darum, möglichst umgehend und aktiv die Erholung einzuleiten, zum Beispiel mit 10 Minuten lockerem Ausfahren oder Auslaufen. Das regt die Durchblutung an und fördert die Elemination von Stoffwechselendprodukten wie Laktat.

Dieses wird über die Blutbahn zum Herzmuskel transportiert und dort abgebaut. Neueste wissenschaftliche Erkenntnisse zeigen, dass der Organismus auch in der Lage ist, Laktat in der Skelettmuskulatur zu eliminieren.

Konzentration, Kraft und Ausdauer - drei wichtige Bausteine beim Triathlon!

Diese aktive Erholung verringert die Dauer der Laktatelemination im Vergleich zu passiver Erholung um rund ein Drittel.
Das Hauptaugenmerk während der Regenerations-phase Deines Organismus solltest Du auf die Ernährung legen. In den ersten 30 Minuten direkt nach der Belastung befindet sich der Organismus in einer anabolen Stoffwechsellage. Diese gehört genutzt! Der besseren Verträglichkeit halber, aufgrund der schnelleren Verfügung für den Organismus und um gleichzeitig Ihren Wasserhaushalt wieder zu füllen, solltest Du zu flüssiger Nahrung greifen. Sogleich im Anschluss an das Training oder den Wett-

kampf ist ein hochwertiges Getränk Pflicht. Gerne kann es auch mal ein Krügerl sein.
Es sollte neben Kohlenhydraten zur Füllung der Energiespeicher und Natrium auf jeden Fall Eiweiß enthalten. Diese Proteine sind die Grundbausteine des Körpers. Sie bestehen aus Aminosäuren, die in unterschiedlicher Anzahl miteinander verknüpft sind. Sie sind der Baustoff für Zellen und Gewebe (z. B. Muskelfasern, Organe, Blut), für Enzyme, für Hormone, für Antikörper innerhalb des Immunsystems und immens wichtig für die Blutgerinnung. Jeder Sportler profitiert von einer Zufuhr aus qualitativ hochwertigen Proteinen, da sie die Regenerationsfähigkeit unterstützen und das Immunsystem stabil halten.

© Mirja Geh

Nach der Belastung erfolgt so rasch als möglich die Auffüllung der Kohlenhydratspeicher. Dabei bitte auch auf ein ausgewogenes Verhältnis von Kohlehydraten, Fetten und Eiweiß achten. Empfehlenswert sind beispielsweise Kombinationen wie Getreide und Hülsenfrüchte (z.B Erbseneintopf mit Brot oder Linsensuppe mit Graupen), Getreide oder auch Kartoffeln mit Ei.

Nudeln eignen sich am besten am Tag VOR der Veranstaltung, beim Frühstück greife ich gerne auf Weißbrot mit Honig oder Marmelade zurück. Das gibt dem Körper die nötige Energie für jegliche Vorhaben.
Magnesium ist ein sehr wichtiges Thema - dabei ist jedoch auf Qualität zu achten. Nur von ausgewählten Anbietern erhält man Nährstoffe in „Reinsubstanzqualität" - sie sind frei von Zusätzen bzw. auch laktose- und glu-

tenfrei.
Ich selbst würde mich schon als kulinarischen Genießer beschreiben, versuche aber mit möglichst wenig Fleisch auszukommen. Vor dem Wettkampf gibt es sehr kohlehydrathaltige Speisen, gerne auch mal eine Pizza.

Fest steht: bei langfristiger Beanspruchung des Körpers schafft es kein Mensch alle nötigen Nährstoffe zu sich zu nehmen, außer er greift zu entsprechenden Nahrungsergänzungsmitteln - denn ohne zusätzliche Energie läuft gar nichts.

Hochwertige Micronährstoffpräparate sollten für Sportler immer B-Vitamine (B1, B2, B6, Biotin), Eisen, Jod, Kupfer und Magnesium erhalten – diese Kombination leistet einen optimalen Beitrag zu einem normalen Energiestoff-wechsel.
Zink und Vitamin C darf man ebenfalls nicht vernachlässigen – sie tragen zu einer normalen Funktion des Immunsystems bei.

DIE LÖSUNG SITZT IM KOPF

Wir können es drehen und wenden, wie wir wollen – im Kopf müssen wir bereit für Veränderungen sein. Nur dann sind diese auch von Dauer. Glücklicherweise habe ich eine Cousine – Alexandra – die Psychologin ist, und mir schon oft mit Rat und Tat zur Seite gestanden ist. Viele Menschen werden täglich weltweit mit Belastungen, Herausforderungen und Schicksalsschlägen konfrontiert. Es wird ihnen förmlich der Boden unter den Füßen weggezogen und sie kommen nur schwer wieder auf die Beine. Mir wurde immer gesagt, ich wirke wie ein Fels in der Brandung. Nach außen hin mag das so gewirkt haben, innerlich hatte und habe auch ich meine Zweifel und Ängste. Warum ich aber nicht zerbrochen bin, findet seinen Ursprung in der Resilienzforschung (hat mir Alexandra erklärt). Das Wort „Resilienz" kommt aus dem Lateinischen und bedeutet „zurückspringen" oder „abprallen". Im Englischen bedeutet das Wort „resilient" heutzutage „elastisch" oder „unverwüstlich". Laut Wikipedia wird die Fähigkeit eines Werkstoffs beschrieben, nach einer Verformung durch Druck- oder Zugeinwirkung wieder in seine alte Form zurückzukehren. Vergleichbar mit einem Stehaufmännchen, das sich aus jeder beliebigen Lage wieder aufzurichten vermag. In der Psychologie beleuchtet Resilienz die seelische Stärke oder auch die seelische Widerstandskraft eines Menschen. Entscheidend sind sieben Faktoren um unbeschadet oder sogar gestärkt aus Krisen hervorzugehen.

1. Die Akzeptanz: Annehmen, was geschieht. Es ist wie es ist. Es ist ein Teil meines Lebens. Ich habe es irgendwie sehr rasch geschafft, mich mit meiner neuen Situation nüchtern und realistisch auseinanderzusetzen; sie zu akzeptieren und dann das Beste daraus zu machen.

2. Der Optimismus: Ich vertraue darauf, dass es besser wird. Im Krankenhaus habe ich einfach versucht, auch selbst gute Laune zu verbreiten – die Schwestern bezeichneten mich als „Sonnenschein der Station". Ich bin aber generell ein Optimist. Wenn ich an einer Situation nichts ändern kann , versuche ich, das Beste draus zu

© Mirja Geh

machen. Würde ich mich darüber langfristig ärgern, wäre ich nur schlecht gelaunt – und würde diese schlechte Laune womöglich auch auf andere Menschen übertragen. Es ist doch viel schöner, wenn einen jemand anlächelt. Das wird aber nicht passieren, wenn man stets ein Gesicht wie 7-Tage-Regenwetter macht. Ich habe mal in einem Buch gelesen: „Wir entscheiden selbst darüber, ob wir eine Krise als Desaster oder als Chance für einen Neuanfang begreifen." Für mich war klar, wofür ich mich entscheide.

3. Die Selbstwirksamkeit: Ich bin überzeugt, dass ich Einfluss nehmen kann. „Yes I Can" lautet das Motto. Angeblich ist man selbstwirksam, wenn man fast davon überzeugt ist, trotz größerer Schwierigkeiten ein Ziel erreichen zu können. Selbstwirksamkeit stärkt die Motivation, sowie die Willenskraft und fördert Ausdauer, Leistung und anspruchsvolle Zielsetzungen.

4. Die Verantwortung: Ich habe nach dem Unfall sehr schnell Verantwortung für mich selbst übernommen. Ich habe mich nicht als Opfer gesehen, sondern rasch sehr aktiv begonnen, mein neues Leben zu gestalten und für mich selbst zu sorgen. Die Vergangenheit konnte ich ohnehin nicht ungeschehen machen, aber die Zukunft beeinflussen. Und der ideale Zeitpunkt dafür ist immer der gegenwärtige Moment.

5. Die Netzwerkorientierung: Ich hatte noch nie ein Problem damit, um Hilfe zu bitten und sie anzunehmen. Menschen mit einem starken Netzwerk werden von der Überzeugung getragen: „Egal, was passiert, es gibt Menschen, die zu mir stehen." Ein solches Netzwerk durfte und darf ich dank meiner Familie (Frau, Kinder, Eltern), meinen Freunden und Partner mein Eigen nennen.

6. Die Lösungsorientierung: Ich gehe die Dinge an, ich werde aktiv. Optimismus und Akzeptanz machen den nächsten Schritt der Lösungsorientierung möglich. Ich habe mir rasch Fragen gestellt, wie zum Beispiel: „Was sind mögliche Lösungen für die

gegenwärtige Lage?" oder „Wie bekomme ich wieder ein Gefühl von Kontrolle über mein Leben?" bzw. „Was sind meine Ziele und was erwarte ich?" und „Was sind meine nächsten möglichen Schritte".

7. Die Zukunftsorientierung: Ich plane meine Zukunft und sorge für die Umsetzung. Mit der entsprechenden Einstellung kann jeder die Fahrtrichtung seines Lebensschiffes selbst bestimmen. Indem er aktiv bleibt und klare Ziele formuliert. Dann erkennt er auch automatisch die Möglichkeiten, diese umzusetzen.

Jutta Heller hat das in ihrem Buch „Resilienz – sieben Schlüssel zu mehr innerer Stärke" toll beschrieben. Innere Stärke bedeutet aber nur, dass wir konsequent alles nutzen, was die Natur uns in Sachen Krisenmanagement mitgegeben hat. Einige Menschen nutzen diese Potentiale ganz instinktiv (dazu gehöre wohl auch ich), andere müssen sie in einem ganz persönlichen Entwicklungsprozess erst lernen. Wichtig ist aber ganz allein die Tatsache, dass wir letztendlich die Grundlagen für eine starke Psyche bereits in uns tragen. Ein tolles Buch zu diesem Thema hat Micheline Rampe geschrieben, nämlich „Der R-Faktor! Das Geheimnis unserer inneren Stärke" – zwar wissenschaftlich, aber wirklich empfehlenswert.
Eine ausgeglichene Psyche ist auch die Grundvoraussetzung dafür, die eigene Leistungsfähigkeit voll ausschöpfen zu können. Sei es im Leistungssport, im Beruf oder im Alltag generell.

> Ich erinnere mich an meine ersten Besuche an Oliver's Krankenbett. Am Anfang lag er stumm und von zahllosen Schläuchen und Geräten umgeben vor mir. Ich entschuldigte mich, dass mir im Moment die Worte fehlten – aber er nahm mich wohl in diesem Augenblick ohnehin nicht wahr. Mit jedem Besuch ging es ihm besser. Mich beeindruckte, als er sich über den Knöchelbruch ärgerte. Denn diesen hätte er verhindern können, wären die Stiefel ordentlich zu gewesen. Für den Verlust des Armes treffe ihn aber keine Schuld – das hätte er nie vermeiden können. So seine eigenen Worte. Von da an wusste ich, dass er diese Situation meistern würde.
>
> Alexandra über Oliver

Die Grundprinzipien der modernen Trainingsforschung lassen sich auf alle Bereiche des Lebens umlegen – und sie werden Dir sehr logisch vorkommen.

Das Training bzw. die Anforderungen (z.B. im Haushalt oder Beruf) immer langsam steigern und sich auch über kleinere Erfolge freuen. Die Anstrengungen sollte man dabei immer dem eigenen Können anpassen. Eine gute Selbsteinschätzung ist dabei sehr wichtig ... oder die Fähigkeit, sich von anderen helfen zu lassen und auch auf sie zu hören. Speziell beim Sport drohen sonst Verletzungen – in anderen Bereichen ist wohl eher Frustration, die einem überkommt, wenn man die selbst gesetzten Ziele dauerhaft nicht erreicht.
Also gilt es, die Häufigkeit, den Umfang und die Intensität nacheinander langsam zu erhöhen. Bitte nie alle drei Punkte auf einmal, das wäre des Guten zu viel. Um eine gewisse Eintönigkeit bei Arbeiten oder im Training zu vermeiden, rate ich dazu, Abwechslung in den Alltag oder das Training zu bringen. Auf diese Weise bleibt man auch noch dazu geistig eine Spur frischer.

Allen, die sich vielleicht vorgenommen haben, mit dem Joggen zu beginnen, rate ich beispielsweise zu folgendem Trainingsaufbau, den nicht ich selbst erfunden habe, sondern der einfach Sinn macht und schon tausendfach erprobt ist:
Starte mal mit drei Trainingseinheiten pro Woche. Beginne mit einer für Dich annehmbaren Strecke und laufe in einem Tempo, bei dem Du auch jederzeit noch mit jemandem plaudern könntest, ohne völlig außer Atem zu sein. Beim zweiten Mal läufst Du eine etwas kürzere Strecke, dafür aber intensiver. Streue zum Beispiel auch einen Steigerungslauf ein, variiere die Intensität, lege bewusst Pausen ein. Am dritten Tag geht es dann wieder eher gemütlich zu, dafür aber über eine längere Distanz.

Dieses Beispiel kann wirklich jeder individuell für sich auf sehr viele Aktivitäten im Leben umlegen. Gerne stehe ich Dir dabei mit Rat und Tat zur Seite.

COACH OLIVER

Ehrlich gesagt – ich hätte mein Leben nicht daran gedacht mal ein Buch zu schreiben, oder Workshops zu geben. Ich sehe mich nicht als Lehrer oder Gelehrter. Aber es freut mich, wenn ich Menschen helfen kann. Das ist mein Antrieb, auch auf der Coaching Ebene tätig zu sein. Es gibt schlichtweg ein gutes Gefühl, wenn ich nach einem Vortrag höre: „Danke, Du hast mich inspiriert!" oder „Ich kann mir da schon einiges, von dem was Du gesagt hast, mit nach Hause nehmen."

Wenn wir ehrlich zu uns selbst sind. Die Anforderungen im Alltag werden immer größer. Egal ob als Hausfrau oder Hausmann, Mutter/Vater, Sportler(in) oder Firmenboss – egal ob männlich oder weiblich, oder wie alt man ist … es sind doch immer dieselben Fragen, die einem heutzutage betreffen:

- Wo soll ich die Zeit hernehmen?
- Schaffe ich das überhaupt noch?
- Warum tue ich mir das an?
- Wer kann mir helfen?

Bei all diesen Fragen kann man – egal für welchen Bereich – wunderbar Ziele formulieren und sich zuvor damit auseinander setzen, ob es der fragliche Bereich überhaupt auch wert ist, ihm einen solch großen Stellenwert im Leben einzuräumen. Denn über eines muss sich jeder von uns klar sein: wo liegen meine Prioritäten? Was muss ich an meinem Lebensumfeld ändern, damit ich andere Dinge überhaupt erreichen kann. Ich kann mir beispielsweise mehr Zeit für meine Familie wünschen – aber ich muss dafür viel-

Nur gemeinsam sind wir stark! Training der Firma Admonter!

leicht bei der Arbeit einen Schritt zurück machen oder Hobbys einschränken. Was ist mir wirklich wichtig? Der erste Schritt ist die richtige Selbsteinschätzung – man muss in sich selbst hineinhören. Wenn ich ohnehin schon schlaflose Nächte habe, weil ich mein Arbeitspensum nicht mehr schaffe, dann ist mir die Antwort wohl schon vorgegeben. Unser Körper und unser Geist sagen uns (zunächst auf vielleicht unbewusster Ebene) schon, was wir zu leisten im Stande sind.

Der Schritt, sich von einem Coach im persönlichen Gespräch helfen zu lassen, ist meist schon eine erste Überwindung. Einem Fremden von den persönlichen Problemen zu erzählen … seine eigene Verwundbarkeit zugeben … aber nur so werden wir uns unserer Probleme selbst bewusst. Wenn ich immer wieder vom oder als „Coach" spreche, ist mir schon klar, dass dieser Begriff in den vergangenen Jahren etwas an Renommee eingebüßt hat. Hier hat es zuletzt einen echten Wildwuchs gegeben. Denn viele fühlen sich dazu berufen, als Lebensberater in allen möglichen Bereichen aufzutreten … wollen aber oft nur ans große Geld.

Das soll jetzt nicht heißen, dass alle Coaches schlecht sind … im Gegenteil. Es gibt hier wirklich ausgezeichnete Leute mit entsprechender Ausbildung bzw. Erfahrung. Oft lohnt sich die Beratung, weil diesen Menschen die Probleme schon öfter untergekommen sind und sie aus Erfahrung wissen, wie man sie lösen kann. Es bedarf aber oft eines Anstoßes von außen, um den inneren Schweinhund zu überwinden und die Verantwortung in die eigenen Hände zu legen.

Im Gegensatz zu einem Trainer ist es laut Definition die Aufgabe des Coaches, sich selbst auf Dauer entbehrlich zu machen. Ein Coach gibt keine Lösungen vor, sondern hilft den Menschen dabei, ihre eigenen Lösungen zu finden. Denn seien wir ehrlich – was wir wirklich tun sollen, ahnen wir doch schon längst. Jeder Mensch weiß aufgrund seiner Erfahrung oft selbst, was er zu tun oder zu lassen hat … nur will man es sich selbst nicht eingestehen, weil die Antwort auf die Frage eine unbequeme ist.

Ich versuche hier bewusst, meine Klienten vor sportliche Herausforderungen zu stellen ... neue Erfahrungen zu machen ... sich langsam an seine Grenzen heranzutasten – denn hier liegt meine Kernkompetenz. Vor allem im Team funktioniert das sehr gut. Man lernt auf den anderen zu hören und zu achten. Man sieht, dass es nur gemeinsam geht und man so schneller ans Ziel kommt.

Wie so ein Coaching-Tag mit mir aussieht, darf ich Dir anhand eines Tages mit dem Team der Firma Admonter Naturböden, die ich auch zu meinen Sponsoren zählen darf, zeigen. Ziel war es schlicht und einfach, sich auch außerhalb des Büros näher kennen zu lernen und sich einer neuen Herausforderung zu stellen.
Zu Beginn gibt es ein reichhaltiges Frühstück, um uns zu stärken und die 18 Teilnehmer kennen zu lernen. Dabei plaudere ich aus dem Nähkästchen und erzähle über meinen persönlichen und sportlichen Werdegang. Danach wird der „Dolomitenmann" mit Kurztrailer präsentiert – und schon geht es ab in die Praxis, also in den Klettergarten. Nach einer kurzen Einschulung wird der Parcours von den Teilnehmern souverän geschafft. Der eine stößt an seine Grenzen, wird aber von den anderen motiviert – keiner lässt sich hängen.

Unser Outdoor Tag mit Oliver begann mit einem interessanten Vortrag über sein bisheriges Leben. Wir waren fasziniert, wie positiv Oliver seinen Unfall aufgenommen hat. Durch seine Schilderung wurden wir dazu angeregt, darüber nachzudenken, was uns im Leben wichtig ist. Je nachdem was gerade in der gegen-wärtigen Situation im Privat- oder Berufsleben aktuell ist, waren wir Teilnehmer uns einig, dass Gesundheit das Wichtigste und die Basis für alles Weitere ist. Der Hochseilklettergarten war anschließend eine echte Herausforderung für jeden von uns.

Obwohl jeder am Seil ein Einzelkämpfer war, haben wir uns gegenseitig durch Motivationszurufe gepusht und mit Hilfe der Kollegen unsere Grenzen überwunden. Ein herrliches Glücksgefühl! Der anschließende Ausflug auf die Ennser Hütte hat uns den stressigen Alltag vergessen lassen – das war genau, was wir alle mal gebraucht haben. Wir nehmen von diesem Tag ein Gefühl von Zufriedenheit und Gelassenheit mit. Ebenso Motivation, vor allem auch für schwierige Situationen und Zeiten, sowie die Stärkung des Zusammengehörigkeitsgefühls.

Feedback von Firmenchef Horst Kögl

Echtes Teamwork, echtes Teambuilding – perfekt! Nun gibt es ein wohl verdientes Erfrischungsgetränk und anschließend machen wir uns zur gemütlichen Wanderung zur Ennserhütte auf. Einige Teilnehmer wagen sich sogar bis auf den Almkogel, den höchsten Berg in unserem Gebiet (1513m). Bei bestem Wetter genießt dort oben jeder das wunderbare Panorama, bevor es wieder zum Rest der Gruppe geht, die es sich in der Zwischenzeit in der Hütte gemütlich gemacht hat. Die Wirtin verwöhnt uns mit Hüttenbratl inklusive Knödel und Kraut – und wir genießen bei einer lockeren Plauderei den Sonnenuntergang.

Bei der Firma Forster geht was weiter!
Die Verabschiedung in Richtung Weltmeisterschaft in Chicago.

Sportler brauchen Disziplin, Leidenschaft, Willensstärke und natürlich das Streben nach Höchstleistungen, um ihre Ziele zu erreichen. Diese Werte gelten auch für ein international erfolgreiches Unternehmen wie Forster. Daher begleitet und unterstützt Forster Oliver Dreier bereits seit vielen Jahren auf seinem erfolgreichen Weg. „Wegweisend und zielsicher" ist nicht nur das Motto unsers Unternehmens … dieser Kombination gilt auch für die Partnerschaft mit Oliver.
Das Unternehmen Forster ist stolzer Sponsoringpartner der ersten Stunde. Das Unternehmen Forster hat aber generell eine hohe Affinität zum Sport. Viele unserer Mitarbeiter sind sportbegeistert und betreiben nicht nur in Ihrer Freizeit die unterschiedlichsten Sportarten. So ist zum Beispiel das Forster Ski-team mehrmaliger Bundes-Betriebsskimeister. Da fallen Vorträge, wie jene von Oliver natürlich bei unseren Mitarbeitern auf fruchtbaren Boden und wir konnten im Lauf der Jahre einen deutlich verbesserten Teamgeist bemerken.

Heinz Lumetsberger, Firma Forster

Wie mittlerweile die Firma Admonter gehört die Firma Forster schon von Beginn weg zu meinen treuen Sponsoren.
Natürlich versuche ich, auf alle Kunden (und Gruppen) individuell einzugehen. Einerseits versuche ich zu vermitteln, wie wichtig die geistige Einstellung ist; andererseits auch Trainingsprinzipien weiterzugeben. Es handelt sich hierbei um elementare Grundsätze. Mit ihrer Anwendung kann man ein erfolgreiches Training planen und durchführen. Sich nur einige wenige (möglichst angenehme) Rosinen, sprich Prinzipien, herauszupicken … das ist sinnlos.
Das weiß natürlich auch ein ehemaliger Motorsport-Profi wie Alexander Wurz. Er hatte mich vor einigen Jahren gebeten, ihn bei einem Teambuilding-Event seiner „Young Driver Academy" auf der Rax zu unterstützen. Hier wurde den jungen Nachwuchsfahrern in

Gerade für die Jungen war die Begegnung mit Oliver ein beeindruckendes Erlebnis, da man in diesem Alter noch selten mit Behinderungen oder einem Nah-Tod-Erlebnis konfrontiert ist. So lernten sie, die Welt auch aus einem anderen Blickwinkel zu sehen.

Alex Wurz, Rennfahrer

der Praxis gezeigt, wie wichtig der Zusammenhalt im Team ist, wie die geistige und körperliche Fitness im Zusammenhang stehen und wie man gerade in der Natur den Kopf frei bekommt.
Ich hoffe, wir können den gemeinsamen Triathlon noch nachholen.

Bis dann, Alex!

MEINE HIGHLIGHTS

Natürlich gibt es einige Events, an die man sich immer zurück erinnern wird – in positiver, wie vielleicht auch in negativer Hinsicht. Ereignisse, die so emotional waren, dass bei speziellen Gerüchen und Geräuschen jene Gefühle wieder in einem hochkommen. Auf den kommenden Seiten will ich daher von einigen Erlebnissen berichten, die mich geprägt haben. Einfach um Dir zu zeigen, was möglich sein kann, welche positiven Glücksgefühle mit dem Erreichen von Zielen möglich sind und was man mit der entsprechenden Motivation schaffen kann.

Von meinem ersten Ironman hab ich Dir ja schon zuvor erzählt – diesen kann ich im Geist fast zur Gänze nochmal absolvieren. Ebenso einprägend war die Besteigung des **Mont Blanc** mit Harry. Wir hatten zuvor im Mai den Großglockner bestiegen, und waren sehr selbstsicher. Ohne besondere Vorbereitung fuhren wir mit zwei Freunden (Petra und Charly) nach Frankreich – genauer gesagt nach Chamonix. Von dort aus ging es gleich mal direkt in rund 3.800 Höhe zum Nächtigen. Dort fanden wir kaum Schlaf und schon um zwei Uhr morgens brach für uns der Tag des Aufstiegs an. Übermüdet und schwerfällig starteten wir und befanden uns dabei am Ende einer schier endlosen Kolonne von Bergfreunden, die dasselbe Ziel anstrebten. Allesamt in finsterer Nacht mit Stirnlampen – einer nach dem anderen – schon alleine diesen Anblick werde ich nie vergessen. Den Versuch andere zu überholen, gaben wir schon nach wenigen Minuten auf – warum auch. Ein solcher Aufstieg sollte niemals ein Wettlauf sein, denn die Belohnung ist nicht das Überholen anderer, sondern das Erreichen des Gipfels …

dessen sollte sich jeder Bergsteiger bewusst sein. Nach Sonnenaufgang erreichten wir bei anhaltend starkem, eisigem Wind das Vallot auf circa 4.300m Höhe. Hier erblickten wir in der Ferne den Gipfel, der noch unendlich weit entfernt schien.
An dieser Stelle angekommen, warfen unsere beiden Freunde das Handtuch – die Strapazen waren ihnen einfach zu groß. Auch vor solchen Entscheidungen muss man Respekt haben! Sich selbst einzugestehen, dass man in diesem einem Moment einfach nicht mehr weiter kann und das Ziel auf einen späteren Zeitpunkt zu verschieben, ist manchmal einfach der vernünftigere Weg. Kleinigkeiten machen hier den Unterschied aus – Fitness, Motivation und Konzentration müssen zu 100 % gegeben sein - und das muss jeder für sich selbst festlegen. Falscher Ehrgeiz in den falschen Momenten ist schon vielen zum Verhängnis geworden. Auch wenn man noch so fit ist, in dieser Höhenlage sind die Voraussetzungen völlig anders, als bei einem normalen Aufstieg.

Daher trennte Harry das Seil, das uns mit den beiden verband durch, und zwar sehr rasch … denn uns war klar, dass wir uns beeilen mussten, um den Gipfel zu erreichen. Die beiden konnten einstweilen wieder sicher den Rückweg antreten. Uns beiden kam dies nie in den Sinn – im Gegenteil! Es trieb uns an, sich unserem Ziel Schritt für Schritt zu nähern. Die letzten 200 Höhenmeter wurde es ziemlich eng. Wir schafften nur noch maximal zehn Schritte am Stück – dann mussten wir kurz rasten, die letzten Kraftreserven mobilisieren und uns gegenseitig pushen. Der Lohn war ein unglaublicher Blick vom Gipfel des höchsten Bergs der Alpen in die Ferne. In 4.810 Metern Höhe nahm ich mir aber auch vor, künftige Aufgaben nicht ganz so locker zu nehmen. Man lernt eben nie aus.
Gelernt habe ich natürlich auch bei meiner bereits beschriebenen Ironman-Premiere. Damals war das Ziel, einfach nur durchzukommen. Beim nächsten Start in **Roth**, ein Jahr später, wollte ich es unter 10 Stunden schaffen. Es waren „nur" 14 Minuten, die ich dafür schneller sein musste – und dafür hatte ich Monate lang trainiert. Zudem waren hier 300 Höhenmeter weniger zu absolvieren und die Streckenführung schien leichter. Allerdings nur theoretisch, denn ich hatte mir zuvor noch keine Gedanken über Muskulatur und Streckencharakteristik gemacht. Die Vorbereitungen

verliefen planmäßig - alles war bereit. Früh morgens dann der Startschuss zu meinem zweiten Ironman. Wie gesagt: mit einem anderen Hintergrund … dem Erreichen einer speziellen Zeitvorgabe.

Ich fühlte mich großartig, hatte beim Schwimmen ein sehr gutes Gefühl, aber als ich aus dem Wasser stieg, verriet mir die Stoppuhr, dass ich um eine Minute langsamer war, als im Vorjahr zuvor. Dann kostete mir der Wechsel eine zusätzliche Minute, da die Wechselzone weitläufiger war. Mein Ziel schien in weite Ferne zu rücken. Also setzte ich alles auf meine Paradedisziplin: das Radfahren. Diesmal fuhr ich nur mit dem Blick auf den Tacho gerichtet, horchte nicht auf meinen Körper … ignorierte Seiten- und Gegenwind. Doch ich verlor dennoch weiter an Boden. Nach rund der Hälfte der Gesamtdistanz lag ich um vier Minuten hinter dem Vorjahresergebnis zurück. Doch dann erst realisierte ich, dass ich ja diesmal keine Zeitstrafe erhalten hatte … somit lag ich, im Vergleich zum Vorjahr, eigentlich eine Minute vorne. Euphorisch ging es daher auf die Laufstrecke.

Von Anfang an mächtig Druck machen, dachte ich mir. Langsamer würde ich ohnehin von alleine werden, wenn die Leistungsfähigkeit meines Körpers langsam nachlässt. Aber ob das gut gehen würde? In diesem Moment versuchst Du einfach jeden Zweifel abzuschütteln – Dich an positiven Gedanken hochzuziehen. Ich spulte Kilometer für Kilometer runter. Doch nach der Hälfte der Laufstrecke hatte ich nichts aufgeholt – ich war exakt so schnell wie in Kärnten. War ein ganzes Jahr harte Arbeit umsonst gewesen?

Leichte Resignation machte sich breit – und hätte ich am Straßenrand jemand Bekannten gesehen, dann hätte ich in diesem Moment wohl aufgegeben und ihm mein Leid geklagt. Obwohl hunderte Leute vor Ort waren, konnte ich kein bekanntes Gesicht ausmachen. Also einfach weiterlaufen. Mir war klar, dass ich den Ironman problemlos fertiglaufen konnte, doch es wurmte mich, dass die erhoffte Verbesserung nicht eingetreten war … bis jetzt zumindest. Denn noch war das Rennen nicht zu Ende. Sollte ich wirklich auf jedem Meter alles aus meinem Körper rausholen und riskieren, es dann vielleicht nicht ins Ziel zu schaffen. Hatte ich dann umsonst trainiert? In diesem Moment setzte ich alles auf eine Karte. Ohne Rücksicht auf Verluste begann ich zu rechnen. In 5 Minuten und 5 Sekunden musste ich jeden Kilometer auf der noch verbleibenden Strecke laufen – dann wären die 10 Stunden geknackt. Nun hatte ich plötzlich wieder ein klar definiertes Ziel vor Augen, die Selbstzweifel waren bei Seite geschoben – wie ein Roboter setzte ich einen Fuß vor den anderen. Ich gönnte mir auf diesen letzten Kilometern keine Schonung mehr – ich war auch noch nie zuvor in einer solchen Situation … so etwas kann man schlichtweg nicht trainieren.

Verbissen kontrollierte ich alle Durchgangszeiten – ein praktisch schon abgeschriebenes Ziel doch noch zu erreichen … zu sehen, wie sehr ich mich selbst motivieren konnte … das war eine unbeschreibliche Erfahrung. 9 Stunden und 56 Minuten benötigte ich letztlich für diesen Ironman in Roth. Im Ziel registrierte ich im ersten Moment nur die Zeit und verspürte eine unglaublich Erleichterung und Genugtuung. Ich lag auf dem heißen Asphalt und wollte aber in diesem Moment einfach nur liegen bleiben und ihn auch genießen. Rein körperlich war ich bei vielen anderen Events besser drauf – trotz sehr guter Vorbereitung. Was ich aber aus dieser Veranstaltung auf geistiger Ebene mitnehmen konnte, hat mir in vielen weiteren Rennen zum Erfolg verholfen. Das Wissen um diese Stärke, die man nicht trainieren kann – das war einmalig für mich.

Einen Event, den ich jeden ans Herz legen möchte, der sich für Ausdauersport begeistert, ist der **ÖTZI Alpin Triathlon** von Naturns auf den Schnalstaler Gletscher. Dieser alpine Extremtriathlon wird in den Disziplinen Mountainbike, Laufen und Skibergsteigen ausgetragen. Für über 500 Athletinnen und Athleten ist er DER Saisonhöhepunkt. Ich war 2014 erstmals dabei.

Beim Mountainbiken sind für mich vor allem die Trailpassagen, in denen ich das Rad meist getragen habe, sowie die rasanten Abfahrten die Herausforderung. Letztlich werden auf einer Länge von 24 Kilometern über 950 Höhenmeter absolviert. Beim Laufen sind es in etwa halb so viele – über knapp 12 Kilometer geht es über eine wunderschöne Strecke vorbei am Vernagt Stausee zur Talstation der Schnalstaler Gletscherbahnen in Kurzras. Hier befindet man sich schon in über 2.000 Metern Seehöhe, bevor die Tourenski angeschnallt werden. Jetzt geht es sechs Kilometer bergauf – das Ziel liegt auf 3.212 Metern. Die Grawand befindet sich somit auf derselben Höhe, wie die nahe gelegene Fundstelle von „Ötzi" am Tisenjoch.

Unser Dolomitenmann-Dream-Team - jedes Mal Hetz und Qual zugleich!

Alljährlich sind die Teilnehmer aus aller Welt vor allem von der einzigartigen Bergwelt und den Aussichten entlang der Strecke fasziniert. Es ist ganz einfach ein Triathlon der anderen Art. Man startet bei 25 Grad mit kurzer Hose … im Ziel kommt man vielleicht dann bei Schneetreiben und Nebel an. Für mich war die Teilnahme ein wirklich besonders Ereignis, das ich sicherlich noch einmal erleben werde. Zu Hause erhielt ich einige Tage nach dem Rennen das Mail eines Südtirolers, der einen ähnlichen Unfall wie ich hatte. Sein Ziel war nicht die Teilnahme am Ötzi Alpin Triathlon – er wollte einfach nur Radfahren. Da konnte ich ihm zum Glück mit Tipps und Fotos und meinen Rädern weiterhelfen. Ich hoffe, er hat sein Ziel umgesetzt und wünsche ihm Spaß beim Radeln durch die wunderbare Bergwelt Südtirols.

Alle Jahre wieder ist der **Red Bull Dolomitenmann** ein Highlight für Extremsportler aus aller Welt. Ich hatte erstmals im September 2010 das „Vergnügen". Mit Ernst Scheiber, Michael Kurz und Hansi Niederwimmer bildete ich das Handycap-Team. Seit damals fesselt uns dieser Event und wir nehmen jedes Jahr daran teil. Hier gebührt Anita Gerhardter von „Wings for life" großer Dank, die uns „entdeckt" hat.

Seitdem gehen wir bei den Veranstaltungen für diese tolle, hilfreiche Organisation an den Start. Vor allem Parasportler wissen, dass hier wirklich jeder Euro für die Rückenmarksforschung wichtig ist. Auf diese Weise können wir unsere Botschaft „Es ist alles erreichbar, wenn man es nur wirklich will" auch der breiten Öffentlichkeit näher bringen und wir sind ja selbst die besten Werbebotschafter, denn jeder von uns ist in irgendeiner Weise körperlich eingeschränkt.
Michael geht schon seit Jahren mit einer inkompletten Querschnittslähmung in die Rennen. Ernst startet mit einer Beinprothese und Hansi mit einer verschraubten Wirbelsäule.
Bei dem Bewerb, den der ehemalige Spitzen-Skifahrer Werner Grissmann ins Leben gerufen hat, stellen sich die Teilnehmer folgenden Disziplinen: Berglauf, Paragleiten, Mountainbike und Wildwasserkajak. Inmitten der Lienzer Dolomiten entschädigt die großartige Umgebung für die stundenlangen Qualen.
Die Athleten überwinden den inneren Schweinehund und nehmen den Kampf gegen die Natur an. Hört sich jetzt ein wenig dramatisch an, aber wer einmal mitgemacht hat, kann die Worte wohl genauso bestätigen. Nicht umsonst gilt der Dolomitenmann seit seiner Premiere 1988 als härtester Teambewerb der Welt.

Ich persönlich sehe die Herausforderungen des Dolomitenmanns mit jenen der Triathlon Weltmeisterschaft auf Augenhöhe. Für Zuschauer und Athleten atemberaubend, spannend und imposant.
Ehrlich gesagt, wir hatten vor dem ersten Start zwar schon alle möglichen

Geschichten gehört, aber nicht wirklich ernst genommen. Werner Grissmann, dem die Sicherheit der Athleten wirklich über alles geht, kam sogar vor dem Rennen noch zu mir und meinte, es sei keine Schande, wenn wir aufgeben würden. Wir sollten nur nicht zu viel riskieren. Er fürchtete, dass gerade uns etwas passieren könnte. Wir aber wollten den Menschen zeigen, wozu wir im Stande waren – und das ist bis heute die hauptsächliche Motivation.
Bergläufer Michael muss zu Beginn auf einer Strecke von 12 Kilometern rund 1.800 Höhenmeter bewältigen. Besonders schwierig sind hier die vielen Rhythmuswechsel und jene Passagen, die man wirklich nur auf allen Vieren bewältigen kann. Ich selbst bin beim Paragleiten im Einsatz.

Der Start erfolgt in extremster Lage auf 2.441 Metern Seehöhe. Nach einer Zwischenlandung gibt es einen Aufstieg von mehreren hundert Metern. Mit dem geschulterten Schirm fühlt man sich dabei, als hätte man eine Bremse am Rücken eingebaut. Danach geht es zur Punktlandung nach Lienz. Der Anflug auf das Zielgelände ist hier besonders spektakulär. Jedes Jahr werden hier einige Baumwipfel rasiert – aber zu wirklich ernsthaften Verletzungen ist es noch nie gekommen. Das Herz schlägt mir jedes Mal bis zum Hals. Alle Jahre ist dieser Flug eine ganz besondere Herausforderung.

Dann ist Ernst an der Reihe, der mit dem Mountainbike um sein Leben radelt. 2 Stunden lang geht es rund 17 Kilometer nach oben und rund 9 Kilometer nach unten. Das Durchschnittsgefälle liegt bei 26%. Als letzter des Teams stürzt sich Hansi mit dem Kajak aus sieben Metern Höhe in die Drau und nimmt die fünf Kilometer lange Wildwasser Regatta auf sich. Das bedeutete einen rund 35minütigen Kampf gegen die Strömung von Drau und Isel. Zu guter Letzt wird das Boot geschultert und ohne Fremdhilfe ins Ziel gebracht. Die übrigen Teammitglieder warten dort schon und feuern nach Leibeskräften an. Wir locken Hansi meist mit einem wohlverdienten, kühlen Bier über die

Die Grissmann-Family (©StefanPattermann).

Ziellinie. Danach sind die Athleten geistig wie körperlich am Ende.

Es gibt viele Veranstaltungen, die die Sportler an den Rand der absoluten Erschöpfung bringen – aber der Red Bull Dolomitenmann ist sicherlich die härteste davon. Ich kann nur jedem Sportfan empfehlen, sich diesen Event einmal zu geben – ob als (top trainierter) Aktiver, oder auch als Besucher. Die gesamte Familie Grissmann macht diesen Event zu einem einzigartigen Erlebnis. Mittlerweile hat Niki die Gesamtverantwortung übernommen und führt den Bewerb ganz im Sinne seines Vaters weiter.

Stolz ist man letztlich auf jedes Rennen, das man beendet hat … vielleicht ist man nicht jedes Mal hundertprozentig zufrieden, weil Zeit oder Platzierung nicht den Erwartungen entsprechen, aber man hat etwas geschafft. Ich hatte Dir ja schon von meinem Scheitern am Aconcagua berichtet, wo ich den Aufstieg wegen Problemen mit der Höhe abbrechen musste. Eine Rechnung hatte ich also noch offen, und es war im Jänner 2009, als ich mit Annette und Mandi Tod nach einem Schitourenrennen um drei Uhr früh in einer Bar noch herumblödelte. Wie lässig wäre es doch, wenn wir zwei Extremsportler gemeinsam auf einen wirklich hohen Berg gehen würden. Außerdem gäbe es da in Westchina einen über 7.000 Meter hohen Berg mit einer der längsten Schiabfahrten der Welt. Nun … trotz später Stunde hat uns diese Idee nicht losgelassen und nur Tage später begannen wir bereits mit der Planung für den Aufstieg auf den **Mustagh Ata**.
Am 27. Juli erfolgte ein tränenreicher Abschied von den Kindern. Diese gaben mir ein kleines Heft mit, in das sie Motivationssätze geschrieben hatte - auch Fotos waren drin. Meine Aufgabe war es, täglich einen kleinen Bericht in das Heft zu schreiben, so fiel dann zu Hause das Erzählen einfacher und das – mit der Zeit aufkommende – Heimweh wurde automatisch ein wenig gelindert.

Unsere Gruppe – letztlich waren wir sechs Freunde – hatte im Basislager rund drei Wochen Zeit, um sich von den heimischen Sommertemperaturen auf die Gegebenheiten vor Ort einzustellen. Aufgrund der Erfahrungen in Südamerika war mir ganz schön flau zumute. Bei halbwegs gutem Wetter ging es zunächst auf das Hochlager 1 in ca. 5.300 Metern.

Ein unvergessliches Erlebnis in weiter Ferne!

Von dort tasteten wir uns langsam weiter Richtung Hochlager 2 in 6.200 Meter. Mir persönlich fiel die Höhenanpassung deutlich schwerer als anderen Teilnehmern. Außerdem war mir nie zuvor über einen längeren Zeitraum so kalt. Selbst im Zelt hatten wir minus 20 Grad. Ich hatte mir noch im Flieger vorgestellt, wie es sein würde, wenn ich das zweite Lager erreichen würde … hatte eine Mischung aus purer Freude, Erleichterung und auch Genugtuung erwartet … aber dem war nicht so. Mit war

einfach nur kalt, ich konnte kaum schlafen, hatte starke Kopfschmerzen und selbst das Atmen fiel mir schwer. Mandi marschierte mit Karl letztlich noch weiter bis in das 3. Höhenlager und auf den Gipfel in 7.546 Metern Höhe. Ich konnte und wollte das aber nicht riskieren – mittlerweile hatte ich von Franz Aspalter gelernt, dass man nichts übertreiben sollte. Ich hatte die 6.000 deutlich geschafft – und damit wollte ich es auch gut sein lassen. Die Vernunft hat den Egoismus übertrumpft. Daher fuhr ich mit den Tourenskiern bis zur Schneegrenze von 5.500 Metern und von da an ging es wieder Richtung Basislager. Insgeheim hatte ich mir im Vorfeld sogar einen zweiten Plan zurechtgelegt. Hätte ich wieder so große Probleme mit der Luft gehabt, wäre ich mit dem Gleitschirm, den ich mitgenommen hatte, vom ersten Lager ins Tal geflogen. Das wäre mir auch sehr viel wert gewesen. Aber letztlich hat es gepasst – ich konnte mit der Höhe meinen Frieden schließen.

Daher setzte ich diesen Plan B doch noch in die Tat um und ging nach einigen Tagen Erholung vom Basislager wieder Richtung 1. Hochlager. Aus einer solchen Höhe kann man in Europa gar nicht starten. Anlass genug für mich, diese einzigartige Möglichkeit zu nutzen – obwohl ich in militärischem Sperrgebiet startete. Wie James Bond plante ich daher das Unternehmen tagelang minutiös.

Alles musste so rasch wie möglich funktionieren. Vom Start bis zur Landung … und es durfte mich niemand entdecken. Ich konnte mich nur anhand der Natur orientieren, da ich keine offiziellen Wetterinformationen erhielt. Die dünne Luft sorgt in einer solchen Höhe dafür, dass man weit schneller als sonst unterwegs ist. Wirklich jeder Handgriff muss sitzen. Daher werde ich diesen Gesamteindruck nie vergessen – man startet knapp unterhalb der Schneegrenze und landet in einer wüstenartigen Hochebene. Ich habe diesen Flug auch filmisch festgehalten. Du findest ihn auf meiner Homepage. Auf diese Weise bleibt mir dieses Erlebnis nicht nur unvergessen, sondern allgegenwärtig.

© Delly Carr ITU

**DIE KRÖNUNG:
ICH BIN WELTMEISTER!**

Alleine, dass mir diese Worte einmal über die Lippen kommen würden – so etwas wagt man eigentlich gar nicht zu denken. Man hört die Hymne des geliebten Vaterlandes – hört das Betreuerteam und die Familie mitsingen und schließt einfach nur die Augen. In diesem Moment ziehen alle Entbehrungen, alle qualvollen Trainingseinheiten der vergangenen Monate,- vor Deinem geistigem Auge vorbei. Du bist an diesem Tag der Beste der Welt. Das ist irgendwie unbegreiflich.

Wie viele tolle Athleten hat es in allen möglichen Disziplinen schon gegeben, die alles Mögliche gewonnen haben, aber nie Weltmeister wurden. Die Freude ist bei jedem anderen Rennen ebenfalls groß – aber als Welt-

meister hast Du automatisch ein ganz anders Standing in den Medien und auch bei den Sponsoren. Mit diesem Begriff können auch all jene etwas anfangen, die sich mit der Materie (Para)Sport sonst nicht beschäftigen. Deswegen ist dieses Kapital hier zwar sehr kurz, mir persönlich aber umso wichtiger.

Familienunterstützung in Chicago.

Es war Freitag, der 18. September 2015. Austragungsort war der Millennium Park von Chicago. Zu Beginn sorgte gleich einmal ein heftiges Gewitter für Sorgenfalten beim Veranstalter – man überlegte zwischendurch sogar auf einen Duathlon zu verkürzen. Aber glücklicherweise verzogen sich die Wolken auch ebenso rasch wieder, wie sie gekommen waren. Um 7 Uhr früh Ortszeit ging es ins Wasser zum Schwimmen. Mir war klar, dass ich hier mal den Grundstein für zumindest einen Stockerlplatz legen konnte.

Als Fünfter wechselte ich auf das Rad. Die Strecke war relativ einfach – auf den 20 Kilometern konnte ich dennoch zwei Plätze gut machen. Vor mir nur noch zwei Spanier … und beide konnte ich, der an diesem Tag in Topverfassung war, spielend einholen. Im Ziel war dann einfach nur Feiern angesagt … denn Weltmeister wird man wahrlich nicht alle Tage, und ich habe diesen Erfolg sehr demütig angenommen. Ohne meine Familie und die Sponsoren – Harreither, Forster und Admonter – wäre die Goldmedaille nicht möglich gewesen.

Nicht vergessen darf man aber, dass es sich hier auch „nur“ um einen Bewerb handelt – um eine Momentaufnahme. Ich freu mich auf lange Sicht genau so, wenn ich meine Trainingsvorgabe erreiche. Es war ein Ziel, einmal Weltmeister zu werden – aber künftig freue ich mich genauso auf eine

Weltmeisterschaft, wie auf jedes andere Rennen. Natürlich ist es leichter, das zu sagen, wenn man schon einmal Weltmeister geworden bist.

An diesem Tag war der Schlüssel zum Erfolg, dass ich nicht auf meine Gegner achtete, sondern mich wirklich nur auf mich selbst konzentrierte. Deswegen hat es wohl genau an diesem Freitag geklappt. Unvergesslich bleibt für mich der Generalsekretär des oberösterreichischen Triathlon Verbandes, Herwig Grabner. Er hat mich während des gesamten Rennens mit den Zwischenzeiten versorgt und wurde wirklich immer euphorischer. Das hat er sonst auch schon öfter gemacht, aber diesmal konnte ich ihm den Sieg schon während des Laufens garantieren – und das hat mich noch zusätzlich beflügelt. Danke daher auch an die heimischen Sportverbände und die Sporthilfe, die uns Sportler nach Kräften unterstützen.

Neben meinen Highlights, gibt es noch einige andere Veranstaltungen, die ich jedem nur ans Herz legen kann – als Teilnehmer oder Besucher.

Meine Empfehlungen
Vier Leute – ein Team – kein Erbarmen … so lautet der Slogan bei **„Rise & Fall"** in Mayrhofen im Zillertal. Ein Event, der alljährlich Mitte Dezember stattfindet und bei dem das Wetter die (von jedem Staffelteilnehmer zu überwindenden) 430 Höhenmeter zu einer einzigartigen Herausforderung machen.

Der Name ist hier wirklich Programm: beim RISE geht es um Skibergsteigen und Mountainbiken, beim FALL um Paragleiten, sowie Skifahren bzw. Snowboarden. Viele messen sich erstmals im Winter auf Skiern mit anderen Athleten, für Mountainbiker ist das Rennen eine tolle Abwechslung im Wintertraining und für Paragleiter ist das

Wetter zu dieser Zeit meist die größte Herausforderung. Dieses Spektakel in den Zillertaler Alpen ist DER Auftakt zur Wintersaison für alle heimischen Extremsportler.

Wir bleiben gleich in Tirol und kommen zum **„VOWA Nordketten Quartett"** – einem Staffelbewerb hoch über der Landeshauptstadt Innsbruck. Dieser wird alljährlich im Frühjahr – Mitte/Ende April – ausgetragen. Somit gibt es noch genügend Schnee am Berg, aber im Tal auch schon angenehme, frühlingshafte Temperaturen. Viererteams treten beim Mountainbi-

Mountain Attack.

ken, Skibergsteigen, Freeskiing und im Downhill gegeneinander an. Jeder Teilnehmer muss dabei gleich 700 Höhenmeter überwinden. Nirgendwo sonst ist der Übergang zwischen Stadtgebiet und hochalpinem Gelände so fließend wie hier. Das ergibt die sensationelle Mischung aus urbanem Flair und spektakulärem Sportabenteuer für Profis, aber auch motivierte Amateure.

Los geht's mit den Mountainbikern bergauf, diese übergeben das (imaginäre) Staffelholz an die Skibergsteiger. In 2.256 Metern Höhe am Hafelekar wird an die Skifahrer bzw. Snowboarder übergeben, die sich dann die Karrinne hinunter in die Tiefe stürzen und letztlich an den letzten Mann übergeben, der mit dem Mountainbike dem Ziel im Downhill entgegen rast. Den Zuschauern stehen tolle Hotspots zur Verfügung, von wo man wirklich viel vom Rennen sieht.

Für alle Tourenskifans ist die **„Mountain Attack"** in Saalbach Hinterglemm DAS erste große Highlight im neuen Jahr (traditionell Mitte Jänner). Über 1.000 Athleten aus aller Welt sind bei einem der härtesten und renommiertesten Tourenski-marathons am Start. Bei der nächtlichen Attacke auf die Salzburger Berge sind auf einer Streckenlänge von über 40 Kilometern gleich sechs Gipfel und über 3.000 Höhenmeter zu bezwingen.
Die Schnellsten schaffen das unter zwei einhalb Stunden – einfach nur

bewundernswert. Alternativ können die Sportler auch an der Tour teilnehmen, die „nur“ über vier Gipfel, etwas über 2.200 Höhenmeter und rund 25 Kilometer geht. Wer es noch schneller mag, der nimmt zeitgleich am Schattberg Race teil, bei dem es vom Dorfplatz in Saalbach auf den 2.018 Meter hohen Schattberg hinauf geht.

Aber nicht nur in den traditionell westlichen Skigebieten gibt es Topveranstaltungen, sondern auch in Ost-Österreich. Für mich sticht hier die noch junge **Hochkar-Challenge** hervor. Ein Triathlon bestehend aus Laufen, Biken und einer Tourenskiteil mit Auf- und Abfahrt, der sowohl im Einzel, oder auch als Team absolviert werden kann.

Nicht vergessen möchte ich ein Rennen, das direkt an meiner Haustür vorbeiführt – und zwar den **POWERMAN Weyer**, einen Duathlon mit Laufen und Biken.

Beim Veranstalter, der Sport-Interessens-Gemeinschaft (kurz SIG) Harreither, habe ich ja meine Sportler Karriere begonnen und deswegen ist ein Start für mich eine Selbstverständlichkeit. Für die SIG starte ich bei Nicht-Behinderten-Rennen. Gerade beim Powerman kann ich mich nicht eine Sekunden lang ausrasten, da mich jeder kennt und anfeuert – das möchte ich natürlich mit Leistung zurückgeben. Erwähnen und Dank sagen möchte ich aber auch dem Behinderten-Sport-Verein Attnang/Vöcklabruck, für den ich an Parasport-Bewerben teilnehme.

Das HARREITHER Power Team mit Firmenchef
Dr. Raimund Harreither MBA (2010).

HERZLICHEN DANK

Jaja, ich weiß schon ... zu viele Danksagungen sind im Normalfall eher öd und langweilig. Aber es ist mir einfach ein Bedürfnis, diese Möglichkeit hier zu nutzen. Vor allem bei jenen, die ich nicht so oft sehe wie meine Familie und Freunde, die mich aber trotzdem tatkräftig unterstützen ... und das sind natürlich die Sponsoren. Ohne sie wäre mein (Sportler) Leben in diesem Ausmaß schlichtweg nicht möglich. Gerade bei der Unterstützung meiner Person merkt man meinen Partnern an, dass es ihnen um den Menschen Oliver Dreier geht, und die Botschaft, die ich zu vermitteln versuche: alles ist möglich! Denn natürlich kann jeder bei Sportler als Sponsor einsteigen, die medial fast täglich im Rampenlicht stehen. Aber gerade die Unterstützung von Randsportarten oder Behindertensportlern nötigt einem Respekt ab ... vor allem in diesen wirtschaftlich schwierigen Zeiten.

> Je mehr Geschichten ich über Oliver gehört und gelesen habe, umso mehr Hochachtung muss man vor ihm haben. Nicht nur auf sportlicher Ebene, sondern vor seiner Einstellung zum Leben. Dem Gegensatz zwischen Fröhlichkeit und Ernst, mit dem er trainiert. Glückliche Stunden mit der Familie haben für ihn denselben Stellenwert, wie sportliche Höchstleistungen. Ich bin mir sicher, er wird dank seiner Ausgeglichenheit und seiner positiven Einstellung noch viele hoch verdiente Erfolge feiern.
>
> Robert über Oliver

Bedanken möchte ich mich auch bei meinen wissenschaftlichen BegleiterDDr.Dieter Fischer, einem absoluten Hobby-Extrem-sportler. Unsere Wege haben sich bei der Firma Harreither gekreuzt, wo er auch in der hauseigenen Akademie tätig ist. Mit ihm kann ich mich optimal über alle möglichen sportlichen Aspekte und Vortragstätigkeiten austauschen.

> Es gibt viele Blickwinkel, aus denen man Menschen betrachtet – Oliver Dreier ist Familienvater, Versehrten-sportler und Experte in Sachen Motivation. Aus einem Schicksalsschlag so positiv gestärkt hervorzugehen, nötigt einem Respekt ab. Hierfür bedarf es einen starken Willen, Durchhaltevermögen und Unterstützung. Von ihm kann man vieles lernen – gerade was den Blickwinkel auf Nichtalltägliches betrifft. Toll, dass er das im Coaching weitergibt.
>
> Dieter über Oliver

Dank Dieter habe ich auch meinen GhostwriterRobert Kotrc kennengelernt. Als Diplom-Kommunikations-kaufmann, Marketing-Experte und langjähriger Radio-mann hat er mir geholfen, meine Gedanken in Worte zu fassen und diese zu ordnen.

DANKE!

© Mirja Geh

HARREITHER
Gesundes Heizen und Kühlen

FORSTER Werbetechnik

Sport HARREITHER

Admonter NATURE'S FAVOURITE DESIGNER

CAMARO www.camaro.at

SKYWALK PARAGLIDERS

salomon

GEBR. HAIDER BAUUNTERNEHMUNG

WINGS for LIFE

MOVEMENT

pure encapsulations

helvetia

Café · Restaurant · Hotel JUWEL Das Gute genießen

RESÜMEE UND AUSBLICK

Wenn ich mir rückwirkend die letzten Jahre durch den Kopf gehen lasse, bin ich innerlich stolz, das erreicht zu haben, was ich gemacht habe. Natürlich gibt es immer ein paar Dinge die man besser, oder anders machen kann, doch größtenteils freut es mich, dass alles so verlaufen ist. Es beginnt wenn man abends auf den Tag zurückblickt, wöchentlich auf die Tage, monatlich auf die Wochen - so erreiche ich Zufriedenheit.
Ein Ziel das schon mal von jemandem erreicht wurde, ist realistisch durchführbar. Wenn jemand weiß, wohin er will, wird er erfolg-reicher sein, als Orientierungslose, die ihre Zeit verschenken.Wichtig war und ist dabei immer ein gutes Zeitmanagement. Wenn man mehrere Sachen, am liebsten gleichzeitig machen möchte, braucht man einen Plan, den man einhalten sollte. Sätze wie: „Das Wetter ist schlecht." oder „Heute habe ich keine Lust!" habe ich aus meinem Wortschatz gestrichen. Was ich mir unbedingt eingebildet habe, ist mir sicherlich nicht immer sofort gelungen, doch habe ich mein Ziel nie aus den Augen verloren. Oft ist es sogar besser, etwas mehrmals in Angriff zu nehmen, denn es gibt meist verschiedene Wege um eine optimale Lösung zu finden.
Im Nachhinein kann ich nur jeden raten, aktiv und offensiv durch das Leben gehen, den Tag nicht passieren lassen, sondern ihn zu bestimmen, zu planen. Die positive Einstellung zu einem Projekt lässt meist alles leichter werden. Es würde mich freuen, wenn ich Dich zum Nachdenken angeregt habe, Dir ein wenig bei Deinen Überlegungen helfen konnte und Dich vielleicht auch mal bei einem Sport-Event treffe. Kontakt kann man mir ganz einfach auf Facebook oder natürlich über meine Homepage www.oliver-dreier.com aufnehmen.

Ich antworte garantiert und stehe jederzeit für Einzelcoachings ebenso zur Verfügung, wie für Gruppencoachings oder Vorträge. Einige Beispiele habe ich Dir ja auf den Seiten zuvor schon genannt. Wäre toll, von Dir zu hören – auch wenn Du kein Coaching nötig hast … dann freue ich mich über Deine Unterstützung in den sozialen Medien.

Bis dahin alles Gute, Oliver Dreier.